AF235912

Dennis Hans Ladener

Sudelbuch

„Philosophische Notizen
mit Biss...!"

Freidenker

1. Auflage
© 2021 Dennis Hans Ladener
(dladener@googlemail.com)

Alle Rechte vorbehalten, insbesondere das Recht auf
Vervielfältigung und Verbreitung sowie Übersetzung.
Kein Teil dieses Buches darf in irgendeiner Form ohne
schriftliche Genehmigung des Autors reproduziert oder
unter Verwendung elektronischer Systeme
verarbeitet, vervielfältigt bzw. verbreitet werden.

Herstellung und Verlag: BoD – Books on Demand,
Norderstedt.

ISBN: 9783755726654

Dennis Hans Ladener

geboren am 11.05.1990 in Köln, ist ein deutscher **Philosoph und Schriftsteller**, welcher bereits im jungen Alter von nur *29* Jahren geschafft hat *zehn „philosophische Sachbücher"* in Eigenregie auf den Markt zu bringen.

- *Reset: Der Anfang einer Neuen Welt*
- *Die 4 Säulen des Scheiterns*
- *SklavenLEBEN*
- *Das Handbuch der Welt*
- *Die Datenwelt Theorie*
- *Die Datenwelt Theorie 2.0*

- *Arthur Schopenhauer: Eine "kleine" Einführung*
- *Eine kurze Zusammenfassung des Ganzen*
- *Die höhere Erkenntnis: Ein Weg zum besseren Verständnis der Welt*
- *Eine kurze Zusammenfassung des Ganzen & Die höhere Erkenntnis: 2in1 Sonderedition*

Schwerpunkt seiner Arbeiten, sowie seines Denkens beruhen hierbei im Kern auf der Philosophie des brillanten deutschen Philosophen **Arthur Schopenhauer** *(* 22. Februar 1788 in Danzig; † 21. September 1860 Frankfurt am Main).*

Da dessen Hauptwerk **„Die Welt als Wille und Vorstellung"** stets die größte Quelle der Inspiration für ihn selbst bereithielt.

„Ich war wohl schon immer ein klein wenig sonderbar und verbrachte bereits in meiner Kindheit viel Zeit damit über die Welt nachzudenken. Fantasie, Vorstellungskraft, sowie eine stark ausgeprägte natürliche Neugierde waren hierbei stets meine treuesten Begleiter."

„Das Geheimnis dahinter, warum ich so geworden bin wie ich bin, liegt wohl darin verborgen, dass ich es stets vermieden habe ein „Erwachsener" zu werden!"

2011 beendete er erfolgreich seine Ausbildung zur ***„Fachkraft für Schutz und Sicherheit".*** Von nun an konnte er sich voll und ganz auf sein

„persönliches Studium" der Philosophie konzentrieren.

„Mit 21 Jahren verliebte ich mich endgültig in die Philosophie und schließlich auch in die Gedankenwelt Arthur Schopenhauers."

„Es war ein langer, einsamer, sowie steiniger Weg. Doch bereut habe ich es nie ihn gegangen zu sein!"

***Der Antrieb
unseres Autors liegt darin, komplexe und nur schwer zu verstehende „philosophische", „gesellschaftskritische" sowie „naturwissenschaftliche" Themen so simpel und anschaulich wie möglich der breiten Bevölkerung zugänglich zu machen.**

**Kein leichtes Unterfangen.
Doch eines, welches sich definitiv zu versuchen lohnt!**

„Jeder Gedanke gleicht einer Hypnose, entscheide selbst ob du dich von ihm Hypnotiseuren lässt oder nicht!"

Inhaltsverzeichnis

Lieblings Notizen

1 2 3 4 5 6 7 8 9 10 11 12 13 14 15 16

17 18 19 20 21 22 23 24 25 26 27 28 29 30

31 32 33 34 35 36 37 38 39 40 41 42 43 44

45 46 47 48 49 50 51 52 53 54 55 56 57 58

59 60 61 62 63 64 65 66 67 68 69 70 71 72

73 74 75 76 77 78 79 80 81 82 83 84 85 86

87 88 89 90 91 92 93 94 95 96 97 98 99 100

101 102 103 104 105 106 107 108 109 110

111 112 113 114 115 116 117 118 119 120

121 122 123 124 125 126 127 128 129 130

131 132 133 134 135 136 137 138 139 140

141 142 143 144 145 146 147 148 149 150

151 152 153 154 155 156 157 158 159 160

161 162 163 164 165 166 167 168 169 170

171 172 173 174 175 176 177 178 179 180

181 182 183 184 185 186 187 188 189 190

191 192 193 194 195 196 197 198 199 200

201 202 203 204 205 206 207 208 209 210

211 212 213 214 215 216 217 218 219 220

221 222 223 224 225 226 227 228 229 230

231 232 233 234 235 236 237 238 239 240

241 242 243 244 245 246 247 248 249 250

251 252 253 254 255 256 257 258 259 260

261 262 263 264 265 266 267 268 269 270

271 272 273 274 275 276 277 278 279 280

281 282 283 284 285 286 287 288 289 290

291 292 293 294 295 296 297 298 299 300

301 302 303 304 305 306 307 308 309 310

311 312 313 314 315 316 317 318 319 320

321 322 323 324 325 326 327 328 329 330

331 332 333 334 335 336 337 338 339 340

341 342 343 344 345 346 347 348 349 350

351 352 353 354 355 356 357 358 359 360

361 362 363 364 365 366 367 368 369 370

371 372 373 374 375 376 377 378 379 380

381 382 383 384 385 386 387 388 389 390

391 392 393 394 395 396 397 398 399 400

401 402 403 404 405 406 407 408 409 410

411 412 413 414 415 416 417 418 419 420

421 422 423 424 425 426 427 428 429 430

431 432 433 434 435 436 437 438 439 440

441 442 443 444 445 446 447 448 449 450

451 452 453 454 455 456 457 458 459 460

461 462 463 464 465 466 467 468 469 470

471 472 473 474 475 476 477 478 479 480

481 482 483 484 485 486 487 488 489 490

491 492 493 494 495 496 497 498 499 500

501 502 503 504 505 506 507 508 509 510

511 512 513 514 515 516 517 518 519 520

521 522 523 524 525 526 527 528 529 530

531 532 533 534 535 536 537 538 539 540

541 542 543 544 545 546 547 548 549 550

551 552 553 554 555 556 557 558 559 560

561 562 563 564 565 566 567 568 569 570

571 572 573 574 575 576 577 578 579 580

581 582 583 584 585 586 587 588 589 590

591 592 593 594 595 596 597 598 599 600

601 602 603 604 605 606 607 608 609 610

611 612 613 614 615 616 617 618 619 620

621 622 623 624 625 626 627 628 629 630

631 632 633 634 635 636 637 638 639 640

641 642 643 644 645 646 647 648 649 650

651 652

Vorwort

"Ein persönliches, selbstmotiviertes, enthusiastisches Studium an Themen, die mir wichtig sind.

Haben Sie sich jemals die Frage gestellt, wie es im Innersten des Notizbuches eines Philosophen aussieht?

In meinem persönlichen philosophischen Sudelbuch (Notizbuch) sammelte ich bereits seit Jahren die unterschiedlichsten Aphorismen, kurze sprachliche Einfälle, Wendungen und Witze, sowie Anmerkungen zum Handwerk des Philosophen.

Es gibt bestimmte Themen, mit denen gilt es sich zu beschäftigen, weil sie von Natur aus bedeutsam für uns Menschen sind!

Es geht um die Entscheidung lernen und wissen zu wollen.

Ein lebenslanger, auf Eigeninitiative basierender, Entwicklungsprozess."

Sobald man einmal damit begonnen hat sich aus Eigeninitiative intellektuell weiterzubilden, wird man relativ schnell bemerken, dass unser angebliches Bildungssystem, niemals dazu geschaffen wurde, um uns tatsächlich zu bilden, sondern vielmehr um uns zu verbilden!

1.

„Warum halten wir an eine Form der Zivilisationen fest, wenn nur die wenigsten überhaupt dazu geneigt sind sich zivilisiert zu benehmen?"

2.

„In jedem einzelnen Augenblick steckt das Potenzial einer besseren Zukunft."

3.

„Kleinigkeiten machen durchaus viel aus!"

4.

„Unvollkommenheit macht das menschliche Leben überhaupt erst aus!"

5.

„Wenn wir jeden Tag so leben würden als wäre es unser letzter, so würden die meisten Elefanten schlagartig wieder zu Mücken."

6.

„Weil wir leben als seien wir unsterblich, fällt es uns auch so leicht unsere kostbare Lebenszeit so verschwenderisch zu vergeuden!"

7.

„Verantwortung zu übernehmen bedeutet gleichsam auch zu akzeptieren, dass niemand anderes für unser eigenes Dasein verantwortlich ist!"

8.

„Lieber bewahrheitet sich für uns etwas Schlechtes, als das wir uns tatsächlich wagen unsere Grenzen zu erweitern."

9.

„Um etwas augenblicklich zu begreifen braucht man eine bereits vorhandene, vergangene Vorstellung!"

10.

„Nur wenn wir sehen was wir kennen,
können wir es auch erkennen!"

11.

„Sobald wir Feindbilder aufgebaut haben
benutzen wir Begriffe, welche diese
Personenkreise in allererster Linie
entmenschlichen sollen!"

12.

„Enttäuschung bedeutet lediglich,
dass die Täuschung aufhört!"

13.

„Wir sind es, welche den Dingen überhaupt
erst Bedeutung, Sinn und Wert verleihen!"

14.

„Der Mensch ist noch immer wie er war!"

15.

„Umso mehr sich unsere Erfahrung erweitert, umso umfangreicher wird unser Vorrat an Begriffen."

16.

„Was kann es verderblicheres geben, als wenn Menschen, nur weil sie freien Geistes sind, als Feinde erklärt werden?"

17.

„Das Leben verlässt den Menschen bereits schon wieder bevor dieser überhaupt zu leben gelernt hat!"

18.

„Kurz ist das Leben, doch lang ist die Kunst!"

19.

„Das Leben, dessen Vergehen wir einst überhaupt nicht bemerkten, ist plötzlich vergangen, so ist es nun mal."

20.

„Es ist überhaupt nicht so, das wir über eine zu geringe Lebensspanne verfügen, sondern wir vergeuden lediglich viel zu viel von ihr!"

21.

„Lang genug ist das Leben, wenn jene Zeit doch nur stets klug angelegt werden würde!"

22.

„Wir Menschen haben kein zu kurzes Dasein erhalten, sondern wir haben es selber kurz gemacht."

23.

„So bietet unsere Lebenszeit für all diejenigen, welche dazu imstande sind sich diese klug einzuteilen, stets genügend freien Raum."

24.

„Das Leben ist lang,
wenn du es zu nutzen verstehst!"

25.

„Die eigene Lebenszeit ist mit einem Schatz
zu vergleichen, welcher in den Händen
eines unbedachten, verschwenderischen
Herrn im Nu zerrinnt, während er durch
die sinnvolle kluge Nutzung eines aufrecht
Tüchtigen stetig wächst und gedeiht."

26.

„Kaum einer ist für sich selbst da, einer
verschleißt sich für den anderen, sich selbst
gehört jedoch keiner und dennoch sind wir
empört, wenn uns unser Gegenüber nicht
genügend Zeit und Aufmerksamkeit
entgegenbringt, obwohl wir doch schon für
uns selbst kaum Zeit zum Leben haben!"

27.

„Oftmals geht es doch überhaupt nicht
darum tatsächlich mit jemand anderem

zusammen zu sein, vielmehr möchte man
nur nicht mit sich selbst alleine sein!"

28.

„Ihre materiellen Güter lassen die
Menschen von niemandem bereitwillig in
Besitz nehmen, in ihre eigenen Leben aber
lassen sie andere eindringen."

29.

„Kaum einer findet sich, der bereitwillig
sein Geld verteilen möchte, doch unsere
kostbare eigene Lebenszeit, an wie viele
verteilt sie ein jeder?"

30.

„Geizig ist der Mensch, wenn es darum
geht, das plötzlich geerbte Vermögen zu
verwalten, so als ob es eine Tugend sei.
Steht jedoch die Zeit auf dem Spiel, gehen
sie viel zu verschwenderisch damit um!"

31.

„Wieviel deiner eignen Lebenszeit hat tatsächlich dir gehört, wieviel den anderen? Wieviele Menschen haben dir das Kostbarste geraubt, ohne das du überhaupt bemerkt hast, was dir überhaupt verloren ging?"

32.

„Wir leben so, als lebten wir ewig, wir achten nicht darauf, wieviel Zeit bereits vergangen ist, dabei könnte doch der Tag, an dem ich mal wieder meine Zeit für andere opfere, auch schon bereits mein letzter hier auf Erden gewesen sein!"

33.

„Alles fürchten wir wie Sterbliche, doch wie Unsterbliche wollen wir leben!"

34.

„In meinem Ruhestand fange ich endlich an zu leben! Doch wer garantiert dir, dass du überhaupt so alt wirst? Warum möchte

man erst in einem Alter anfangen zu leben,
welches die meisten noch nicht einmal
erreichen?"

35.

**„Es ist doch reichlich spät erst dann mit
dem Leben zu beginnen, wenn man es doch
bereits schon wieder beenden muss!"**

36.

*„Die Rechnung ergibt du hattest viel
weniger Jahre als dein Alter ergibt!"*

37.

**„Wie sehr hat man seine eigene
Sterblichkeit bereits vergessen, wenn man
gute Vorsätze stetig auf das neue Jahr
verschiebt?"**

38.

*„Ich bin immer wieder aufs Neue erstaunt,
wie sehr Menschen die Zeit anderer
beanspruchen, aber umso mehr bin ich*

darüber erstaunt, das diese sich bereitwillig
darauf einlassen."

39.

*„Es wird zwar im Allgemeinen darauf
geachtet für was Zeit in Anspruch
genommen wird, auf die Zeit selber
achtet jedoch keiner."*

40.

*„Mit der kostbarsten Sache (Zeit) geht man
(weil sie so unwirklich erscheint) um wie
mit einem Spielzeug (man schätzt sie nicht,
weil sie nicht greifbar erscheint), viel zu
gleichgültig geht man mit ihr um, so als
hätte man sie umsonst."*

41.

*„Wenn der Tod bereits vor der Türe steht,
würde der Mensch alles geben, nur um
noch ein wenig mehr Zeit zu bekommen."*

42.

„Wie bedacht würde doch der Mensch
vielleicht mit seiner Zeit umgehen, wenn er
ganz genau wüsste wann ihn der Tod
ereilt?"

43.

„Der Mensch verschenkt seine Zeit ohne
sich dabei etwas zu denken, da ihm der
Verlust verborgen bleibt!"

44.

„Tiere haben den Segen allein in der
Gegenwart zu leben!"

45.

„Das Leben wird dahingehen wie es
begonnen hat, kein königlicher Befehl
wird daran jemals etwas verändern!"

46.

„Mit dem ersten Tag deines Lebens
rückt der letzte immer näher!"

47.

„Du bist beschäftigt,
doch das Leben eilt dahin!"

48.

„Dem Tod widmest du deine
Zeit am Schluss."

49.

„Das und ob wir lange genug gelebt haben,
hängt nicht von der Zahl der Jahre ab,
sondern allein von der inneren Haltung."

50.

„Auf weite Sicht plant der Mensch, doch ist
der größte Verlust für die eigene Lebenszeit
das auf- und hinausschieben, denn das
entreißt uns das Jetzt!"

51.

„Das größte Hindernis im Leben ist die
Erwartung an morgen, da diese uns das
Heute verlieren lässt."

52.

„Was in der Hand des Schicksals liegt,
darüber will der Mensch verfügen, doch
was er selbst in der Hand hat, das lässt er
los!"

53.

„Alles was noch kommt liegt stets im
Ungewissen, JETZT sollst Du LEBEN!"

54.

„Wenn Du die Zeit nicht beim Schopfe
packst, entflieht sie dir, doch vermutlich
tut sie dies so oder so!"

55.

„Man muss der Schnelligkeit der Zeit
entgegenwirken indem man sie rasch
nutzt!"

56.

„Die besten aller Tage
entfliehen immer zu schnell!"

57.

„Der gegenwärtige Moment ist für den stets
beschäftigten Mensch genauso wenig
existent wie das Wasser für den Fisch."

58.

*„Sowohl das Leben als auch
das Sterben will gelernt sein."*

59.

*„Widme dein Leben der Weisheit
und du wirst leben!"*

60.

*„Das Wissen ist der einzige Schatz, welcher
sich vermehrt, wenn du ihn mit anderen
teilst!"*

61.

*„Die breite Schicht der Bevölkerung
befindet sich in bereitwilliger Knechtschaft
im Dienste undankbarer Herren!"*

62.

„Die Laster drücken den Menschen stetig in die Tiefe und halten ihn an der Leidenschaft gefesselt."

63.

„Für wie viele ist der Reichtum eine Bürde?"

64.

„Den Tag verlieren sie in der Erwartung der Nacht, die Nacht aus Furcht vor dem Tag."

65.

„Je größer das Hab und Gut, umso größer die Sorge!"

66.

„Um sein Glück zu erhalten braucht man Glück!"

67.

„Alles was der Zufall bringt ist unbeständig!"

68.

„Die Menschen verbringen oftmals viel Zeit damit etwas mit Mühe zu erlangen, welches sie mit nur noch viel mehr Mühe schließlich halten können.
Unter Anstrengungen erreichen sie, was sie wollen, ängstlich halten sie fest, was sie erreicht haben."

69.

„Das wir überhaupt etwas wollen, ist unser größter Fehler!"

70.

„Montags ist der Gedanke an Freitag, unser Treibstoff des Lebens. Sonntags bekommen wir schlechte Laune, weil am anderen Tag wieder Montag ist. Und am Ende eines jeden Monats geht's uns wieder Scheiße, weil das Geld mal wieder knapp wird."

71.

„Der Mensch arbeitet hauptsächlich um sich sinnlose Dinge kaufen zu können.

Gleichzeitig kauft er sich jedoch diese
sinnlosen Dinge, um sich für die getane
Arbeit belohnen zu können."

72.

„Eine Hoffnung weckt stets die andere!"

73.

„Dem Menschen fehlt es nur selten an
Gründen sich Sorgen zu machen."

74.

„Der Wahn von „Ich" und „Mein" könnte
man als die wahre Erbsünde des Menschen
bezeichnen!"

75.

„Es ist besser über sein eigenes Leben
Rechenschaft ablegen zu können, als über
andere Rechenschaft ablegen zu wollen!"

76.

„Wenn sie wissen wollen wie kurz doch ihr
eigenes Leben ist, so müssen sie bedenken,

welch ein unglaublich kleiner Anteil davon
tatsächlich ihnen selbst gehört!"

77.

„Ein trauriges Bild gibt der Mensch ab,
wenn er selbst im weit fortgeschrittenen
Alter noch eine Tätigkeit vollführt für ein
Unternehmen, welches ihm selbst
überhaupt nichts angeht."

78.

„Nur schwer erreicht der Mensch
von sich selbst seinen Ruhestand!"

79.

„Nur ein kleiner Teil des Lebens ist es den
wir tatsächlich leben, die gesamte übrige
Spanne ist nicht leben, sondern lediglich
das vergehen von Zeit!"

80.

„Überzeugungen sind gefährlichere
Feinde der Wahrheit als Lügen!"

81.

„Durch moralische Vorschriften und Verbote versucht der Mensch, das in ihm schlummernde, "natürlich Triebhafte", vorsorglich völlig aus seinem gesellschaftlichen Zusammenleben zu verbannen und erstickt somit alltäglich einen nicht zu unterschätzenden Anteil seines natürlichen Selbst!"

82.

„Die Welt so wie sie ist mit all dem unsagbaren Leid in ihr macht nur deshalb überhaupt noch Sinn, weil sie gleichzeitig gleichermaßen ebenfalls dazu imstande ist auch das unbeschreiblich Schönste hervorzubringen."

83.

„Es gibt keine objektiven Werte, kein allgemeingültiges Gut und Böse!"

84.

„Sind die Gedanken nicht auch dann noch
frei, selbst wenn sie ungeheuerlich sind?"

85.

„Das Schöne ist ohne das Schreckliche
nicht zu haben, doch auch wenn das Leid
dieser Welt überwiegt, so wird es dennoch
gerechtfertigt durch die Momente des
Schönen, welche daraus entspringen
können. Somit sollte man das Leid stets
mutig annehmen und duldsam ertragen,
sich jedoch nicht vom selbigen erdrücken
lassen, sondern zusätzliche Kräfte daraus
beziehen, um das eigene Leben zu meistern.
Ein lustvoller Tanz über dem Abgrund!"

86.

„Der moderne Mensch befindet sich in
einem fatalen Dilemma, es gibt nichts mehr
woran er sich noch halten kann, schon
längst ist er bereits selbst zu einer eigenen
Massenware deklariert worden, welche sich

immer weiter aus dem eigenen Blick
verliert!"

87.

„Der Mensch muss die Begründung seines
Daseins aus sich selbst heraus entwerfen,
er ist somit zur Freiheit verdammt und per
se nicht allgemein definierbar, da jeder
einzelne von uns am Ende stets nur so
sein wird, wie er sich aufgrund der
unterschiedlichsten Arten an Umständen
und Erfahrungen selbst geschaffen haben
wird."

88.

„Der Mensch ist nichts anderes
als wozu er sich macht!"

89.

„Die Freiheit des einen ist zugleich auch an
die Freiheit der anderen gebunden, so wie
die Freiheit der anderen auch stets an
unsere eigene Freiheit gebunden bleibt.
Möchte ich selber frei sein, bin ich somit

dazu verpflichtet, auch die Freiheit der
anderen zu wollen."

90.

„Der größte Gegenspieler der Angst
ist die Handlung!"

91.

„Wir existieren, aber leben wir auch?"

92.

„Füllen wir unser Leben tatsächlich mit
eigenem Sinn oder ahmen wir nur das
nach, was die Mehrheit der Bevölkerung
für gut und richtig hält?"

93.

„Der Mensch bildet sich seine Welt
großteilig über seine Mitmenschen."

94.

„Dasein bedeutet auch immer
gleichsam Mitsein mit anderen."

95.

„Wie wirklich ist die Wirklichkeit?"

96.

„Es gibt nichts Neues unter
der Sonne außer das Vergessene."

97.

„Es sind nicht die Dinge selbst, welche den Menschen beunruhigen, sondern die Meinungen, die wir von den Dingen haben!"

98.

„Das Unheil der menschlichen Existenz
beginnt damit, wenn das durch die
Wissenschaft entdeckte bereits für das Sein
selbst gehalten wird und wenn alles, was
nicht wissenschaftlich belegbar ist, als
folglich nicht existent gilt."

99.

„Es ist unmöglich nur rein beobachtbare Größen in eine Theorie mit aufzunehmen,

es ist vielmehr die Theorie selbst, welche
entscheidet, was man letztendlich
beobachten kann!"

100.

„Wir müssen uns daran erinnern, dass das,
was wir beobachten, nicht die Natur selbst
ist, sondern Natur, die unserer
menschlichen Art der Wahrnehmung,
sowie Fragestellung ausgesetzt ist!"

101.

„Alle Wirklichkeit von der wir als
Menschen sprechen können ist niemals die
Wirklichkeit an und für sich, sondern eine
durch uns maßgeblich selbst gestaltete
Wirklichkeit!"

102.

„Um zu erkennen, was als normal
erscheint, muss zunächst geklärt werden,
was sei mit normal gemeint?"

103.

„Die Wirklichkeit entsteht und besteht durch die Interaktion!"

104.

„Die sogenannte Wirklichkeit wird von uns vielmehr erfunden als gefunden!"

105.

„Für unser emotionales Überleben benötigen wir eine Einsicht in eine für uns sinnvoll erscheinende Welt. Ein als sinnlos empfundenes Leben ist schlimmer als der Tod!"

106.

„Wer ein Warum in seinem Leben hat, der erträgt auch ein jedes Wie!"

107.

„Langeweile ist ein Warnsignal einer eigenen existenziellen Angst."

108.

„Es ist besser hoffnungsvoll zu reisen
als anzukommen."

109.

„Im Leben eines jeden Menschen gibt es
mindestens zwei Tragödien, die erste ist die
Nichterfüllung eines Herzenswunsches, die
zweite ist seine Erfüllung. Von beiden ist
letztere jedoch bei weitem die tragischere!"

110.

„Viel zu oft zieht man den Entschluss, dass
das jeweilig Erhoffte am Ende doch noch
nicht das zu sein schien, was man
letztendlich gedacht gesucht zu haben!"

111.

„Umso näher man etwas kommt, welches
man begehrt, umso mehr verschwindet der
Drang danach zu greifen, es verblasst
bereits so schnell für unseren Geist wie bei
einer Fata Morgana derer man schließlich
zu nahe kam. Doch wehe dem sollte man es

wieder verlieren, weil es sich von einem zu
weit abgewandt hat, so scheint es plötzlich
im Nu erneut real und erstrebenswert."

112.

„Das Schöne ist nur des
schrecklichen Anfang!"

113.

„Führt der Wohlstand letztendlich
tatsächlich zum Wohlstand?"

114.

„Jede Wohlstandsgesellschaft hat stets
ihre ganz eigenen Probleme."

115.

„Wir können von der wirklichen
Wirklichkeit immer nur das Wissen,
was sie nicht ist!"

116.

„Der Ursprung allen menschlichen Leidens
liegt in dem qualvollen Unterschied der

Welt wie sie ist und wie sie nach unserem
Empfinden stattdessen sein sollte!"

117.

„Die Prophezeiung des Ereignisses führt zum Ereignis der Prophezeiung!"

118.

„Es liegt in unserer Hand das Leben aus einer Unzahl an möglichen Möglichkeiten zu gestalten."

119.

„Der Mensch ist stets selbst die Bedeutung eines jeden Zusammenhangs!"

120.

„Derjenige, welcher im gegenwärtigen Augenblick lebt, der lebt in Zeitlosigkeit!"

121.

„Wir versuchen immerzu jedem Augenblick eine Bedeutung zuzuschreiben, welche sich entweder auf unsere

Vergangenheit bezieht oder unserer
Zukunft."

122.

„Die Suche nach dem Sinn beinhaltet in
sich selbst bereits eine tiefe Sinnlosigkeit."

123.

„Die Welt an sich erwartet nichts von dir,
sie nimmt dich auf, wenn du kommst und
entlässt dich, wenn du wieder gehst."

124.

„Sich selbst verwirklichen kann der
Mensch nur in dem Maße wie er sich selbst
vergisst!"

125.

„Der wahre Sinn offenbart sich uns dort wo
wir nicht mehr dazu geneigt sind ihn zu
suchen!"

126.

„Was die Welt nicht enthält
kann sie auch nicht vorenthalten."

127.

„Erst im bereitwilligen Fallenlassen
jeglicher Hoffnung ergibt sich der wahre
Sinn."

128.

„Gesegnet sei der, welcher nichts mehr
erwartet, er soll auf die herrlichste Art vom
Leben überrascht werden."

129.

„Es reicht nicht allein die Welt verschieden
zu interpretieren, vielmehr geht es darum,
sie gemeinsam positiv zu verändern."

130.

„Die Philosophie wird oftmals leider
nur um ihrer Selbstwillen betrieben."

131.

„Jede Tätigkeit, welche dem Allgemeinwohl der Menschheit dient; ist wertvoller als jedes Gold in falscher Hand!"

132.

„Maßgeblich ausschlaggebend für die menschliche Geschichte, ganz egal ob gut oder schlecht, sind die Veränderungen der materiellen Lebensbedingungen, denn diese sind es, welche unser Denken letztlich entscheidend formen und prägen."

133.

„Der Kapitalismus entreißt einem jeden Arbeiter den eigentlichen Profit, welchen er zuvor selbst noch erwirtschaftet hat!"

134.

„Ein Tier, das zur Staatenbildung schreitet ohne den Egoismus abzulegen, wird gnadenlos zugrunde gehen."

135.

„Die machtvollen besitzenden Menschen unterwerfen zuerst die Natur und schließlich ihre Mitmenschen."

136.

„Aus dem ursprünglichen Gleichgewicht von Eigenliebe und Mitleid wurde immer mehr die verdorbene Selbstsucht."

137.

„In den meisten aller Fälle wird die Macht des Menschen allein dafür genutzt noch mehr Macht zu erlangen."

138.

„Die Triebe der Selbsterhaltung" drängen die Menschen gegen alles und jeden."

139.

„Der moralische Verfall der Menschen begann ab dem Moment, wo wir anfingen Besitztümer zu erschaffen."

140.

„Von den zwei Möglichkeiten, welche uns zur Wahl standen, „bewahren" oder „missbrauchen", hat der größte Teil sich jedoch leider für die vollkommen falsche entschieden."

141.

„Als der erste von uns anfing ein Stück Land zu umzäunen, um dadurch zu behaupten, dies sei nun sein „persönlicher Besitz", hätten die anderen sofort eingreifen müssen. Denn die Früchte dieses Planeten gehören „allen", aber die Erde selbst gehört „keinem". Wie viele „Verbrechen", „Kriege", „Leiden" und „Schrecken" wären uns wohl erspart geblieben, hätten wir uns nicht auf „die trügerische Macht des Besitzes eingelassen?"

142.

„Eigentum sorgt für ein soziales Ungleichgewicht zwischen Besitzenden und Besitzlosen".

143.

„Am Ende sind unsere Augen doch nur komplexe biologische Linsen, welche dazu vorhanden sind, um die in dem Licht enthaltenen Informationen an das jeweilige Gehirn weiterzuleiten."

144.

„Etwa 80% aller Informationen erhalten wir über unsere Augen."

145.

„Im Zusammenspiel mit bereits vorhandenen Informationen und Eindrücken konstruiert unser Verstand Bilder einer rein subjektiven Wirklichkeit. Fiktion statt Realität!"

146.

„Die Welt zeigt sich uns stets nur in unserer subjektiven Vorstellung!"

147.

„Die wichtigste Eigenschaft von Intelligenz besteht darin bereits vorhandene Erfahrungen effektiv zu nutzen.
Die visuelle Wahrnehmung ist eng an unsere Aufmerksamkeit gekoppelt"

148.

„Bewusstsein bedeutet Aufmerksam zu sein!"

149.

„Es ist nicht das Auge was sieht, sondern WIR sehen!"

150.

„Was ich nicht lernen kann, das kann ich auch nicht verstehen."

151.

„Im Gegensatz zu einer Maschine kann der Mensch auf Grundlage von nur einer Erfahrung bereits weitere logische Schlüsse ziehen!"

152.

„Es ist ein Irrtum, wenn wir annehmen, die Welt wäre tatsächlich so geschaffen, wie sie uns erscheint, alles was unsere Welt ausmacht, erlangt sie erst durch uns und in uns!"

153.

„Das Bewusstsein scheint keinen bestimmten Sitz im Gehirn zu haben wo es sich bildet, sondern scheint vielmehr mit selbigen verbunden / verknüpft zu sein" (Sender / Empfänger).

154.

„Das, was wir Farben nennen, existiert so in der Natur selber nicht, die Natur kennt lediglich elektromagnetische Wellen, die Wahrnehmung von Farben in der Natur entsteht lediglich durch die Deutung unserer Gehirne."

155.

„Wir sind Wesen, welche von der äußeren Wirklichkeit nur schattenhafte Interpretationen wahrnehmen und nicht die tatsächliche Realität!"

156.

„Unser sogenanntes Ich ist eine vollkommene Erfindung des Gehirns und vielmehr mit einer Art Erzählstimme oder einem Kommentator zu vergleichen."

157.

„In meiner eigenen persönlichen Entwicklung als Mensch muss ich mit den anderen Menschen verständigen können.

Das Gehirn schützt uns vor einer programmierten Verwirrung, es gibt dem Chaos um uns, sowie in uns, eine Struktur und verleiht ihnen eine Sinnhaftigkeit, das Gehirn webt sozusagen aus dem Grundstoff der Information Muster, welche wir dann für die Welt selbst halten."

158.

„Das was wir als unsere Umwelt
wahrnehmen und definieren ist in
Wahrheit eine digitale Echtzeit-Simulation
innerhalb unseres Gehirnes, erzeugt durch
die Sinnesorgane übermittelten
Informationen."

159.

„Unser Gehirn bildet ständig unsere
Realität, die Art und Weise wie wir die Welt
jedoch wahrnehmen, hängt dabei davon ab,
wie das Gehirn die sensorischen
Informationen der Außenwelt
interpretiert!"

160.

„Erstaunen geschieht dann, wenn das
durch das Gehirn vorhergesagte anders
eintrifft als gedacht."

161.

„Was wir als das Jetzt wahrnehmen ist
eigentlich das Gehirn, welches auf

Grundlage von Informationen aus der Vergangenheit versucht die Gegenwart darzustellen."

162.
„Die Augen selber sehen nichts,
das Sehen selbst beginnt erst im Gehirn."

163.
„Mithilfe der Sprache kann ich
mein Sehen verändern!"

164.
„Spielt es für uns eine maßgebliche Rolle,
wenn unsere wahrgenommene Realität
doch nicht real ist?"

165.
„Wenn wir starr an etwas glauben
schleppen wir unentwegt einen Amboss mit
uns herum, welcher diesen Glaubenssatz
repräsentiert und verhindert, dass wir uns
geistig frei entfalten können!"

166.

„Wenn man Informationen aufnehmen kann ohne diese gleich zu bewerten, sind diese leicht wie eine Feder!"

167.

„Wenn man Informationen in eine Art Glaubenssystem kategorisiert, kann man nur eine gewisse Menge an Informationen aufnehmen, bis es einem schließlich zu viel wird."

168.

„Es ist ein klassisches Werkzeug die Psyche des Menschen durch Angst zu fragmentieren!"

169.

„Wenn jemand sein ganzes Leben lang damit verbracht hat sich bereitwillig einem System unterzuordnen, welches sich letztendlich als falsch herausstellt, kann sich dieser Mensch nur sehr schwer wieder aus dieser Situation zurückziehen."

170.

„Umso älter man wird, umso schwieriger wird es gewohnte Glaubenssätze wieder los zu lassen!"

171.

„Umso mehr man selbst bereits in das herrschende System investiert hat, umso weniger ist man dazu bereit, es kritisch zu hinterfragen!"

172.

„Ohne das richtige Maß an Konzentration und Hingabe kann man als Mensch nur sehr schwer etwas in seinem Leben erschaffen."

173.

„Die Angst vor Neuem beherbergt zugleich auch die unbewusste Angst vor der eigenen persönlichen Weiterentwicklung!"

174.

„Menschen, welche in ihrem Alltag Massenmedien jedweder Art exzessiv konsumieren oder ihnen unbewusst permanent ausgeliefert sind, mutieren oftmals selbst unbemerkt zu einem aktiven Teil dieser gewaltigen Maschinerie, die das bestehende System am Laufen hält!"

175.

„Ohne die Medien erblüht die Feinfühligkeit!"

176.

„Beschäftigung mit einem Thema ist der erste und zugleich auch letzte Schritt auf dem Weg zur Erkenntnis."

177.

„Bewusstsein ist fundamental und wird nicht vom Gehirn erzeugt."

178.

„In unserer Welt gibt es keine wirkliche
Trennung, alles bleibt stets verbunden,
alles bleibt stets eins."

179.

„Jedes menschliche Leben ist letztendlich
doch nur eine Geschichte, welche sich
natürlich ergibt und durch eine persönliche
individuelle Erzählstimme ununterbrochen
kommentiert wird!"

180.

„Man lebt wofür man steht!"

181.

„Das Leben selbst ist ein Kreisprozess, es
durchläuft sich immer wieder von selbst."

182.

„Menschen können durch die gezielte
Manipulation ihrer Wahrnehmung darauf
konditioniert werden eine niedrigere
Bewusstseinsebene anzunehmen!"

183.

„Die Masse konsumiert nur noch, erschafft
selber aber nichts mehr!
Doch wenn man nichts mehr erschafft,
ist man dann selbst nicht nur noch
Futter für andere?"

184.

„Jede Dunkelheit ist stets nur eine
Verkörperung unseres eigenen Schattens."

185.

„Bewusst durch das Leben zu streifen
bedeutet das Ende aller Systeme, welche
nicht förderlich für uns als Individuum
sind!"

186.

„Kann es unintelligentes Leben überhaupt
geben? Ist nicht alles Lebendige durchzogen
von einer beeindruckenden Intelligenz?"

187.

„Es ist doch wirklich lächerlich im
Weltraum nach Intelligenz zu suchen,
obwohl wir diese doch selbst vor unserer
eigenen Nase auf Erden noch nicht einmal
bemerken und würdigen."
(Tiere)

188.

„Wir sind doch alle ein
Resultat unserer Umwelt!"

189.

„Immer wieder dasselbe zu machen und
dennoch andere Ergebnisse zu erwarten, ist
ein einziger Wiederspruch in sich."

190.

„Möchte man sich persönlich verändern
und weiterentwickeln, so muss man damit
beginnen innerhalb derselben
Lebensumstände größer zu denken und
anders zu handeln!"

191.
„Wenn wir allein durch unsere Umwelt
unser Denken beeinflussen lassen, so
gelangen wir niemals an den Punkt über
unsere Umwelt hinaus zu denken und
erschaffen stets nur noch mehr vom
gleichen!"

192.
„Die stärkste aller Gewohnheiten ist wohl
die Gewohnheit wir selbst zu sein!"

193.
„Was nutzt einem der schlaueste Kopf,
wenn man ihm nur dumme Fragen stellt?"

194.
„Wenn einem die Umstände und
Gegebenheiten des Lebens nicht gefallen
liegt die Lösung eventuell darin verborgen,
das man versucht sein eigenes Denken und
Handeln zu verändern indem man auch
mal bereit dazu ist die altbekannte
Komfortzone zu verlassen und es sich zu

wagen über den Tellerrand hinaus zu
schauen."

195.

„Bei Menschen, welche immer wieder auf
dieselbe Art und Weise handeln, ist es nicht
verkehrt anzunehmen, dass sie auch immer
wieder gleich denken.
Unsere Gewohnheiten brennen sich schnell
ein und man wird sie nur sehr mühselig
wieder los!"

196.

„Scheuklappendenken schadet sowohl ihrer
Kreativität und Vorstellungskraft als auch
ihrer Fantasie."

197.

„Wissen bleibt zu jederzeit eine
stets äußerst kostbare Zutat!"

198.

„Der Mensch stellt sich seine Realität nicht
selten auf seine Vergangenheit bezogen
dar!"

199.

„Wir neigen dazu unsere Wirklichkeit in
Abhängigkeit zu unseren Gefühlen
wahrzunehmen."

200.

„Wenn wir nicht größer denken als wir
fühlen, können wird die Veränderung
schwer."

201.

„Sobald man damit anfängt sich unsicher
zu fühlen wird man es auch!"

202.

„Eine Gewohnheit entsteht, wenn
der Körper zum Verstand wird!"

203.

„Verstand und Körper müssen sich für eine
Veränderung beidseitig im Einklang
befinden."

204.

„Jede neue Erfahrung birgt
auch stets ein neues Gefühl!"

205.

„Unterschätze niemals die Macht der
Gedanken, sie können über Leben oder
Tod entscheiden!"

206.

„Stress jedweder Art ist einer der
Hauptverursacher für alle erdenklichen
Störungen innerhalb des menschlichen
Körpers!"

207.

„Weil wir in der Regel über einen
unglaublichen Vorrat an Erinnerungen
verfügen, bewerten wir jedes neue Ereignis

auf der Grundlage unserer bereits
vergangenen Erfahrungswerte!"

208.
„Unser Charakter, so scheint es,
ist eng mit unseren emotionalen
Reaktionen verbunden."

209.
„Verstand ist Gehirn in Aktion."

210.
„Durch neue Erfahrungen entsteht
das Potenzial für Veränderung!"

211.
„Innerhalb der Konzentration verschwindet
die Grenze von innen nach außen!"

212.
„Fokussierte Aufmerksamkeit über längere
Zeiträume hinweg scheint ein Privileg des
Menschen zu sein."

213.

„Innerhalb der Kreativität liegt ein Pfad
verborgen sich selbst zu vergessen."

214.

„Aufmerksamkeit ist eines der kostbarsten
Geschenke, welches ich meinem Gegenüber
erbringen kann!"

215.

„Eine Frage kann sich manchmal als
machtvoller erweisen als ihre Antwort!"

216.

„Man erbringt nicht selten eine ganz
besondere Art an Liebe für das, was man
selbst erschafft!"

217.

„Durch Achtsamkeit erfolgt die Freiheit!"

218.

„Wissen ist für den Geist
Erfahrung für den Körper!"

219.

„Verändern wir die Wahrnehmung unserer Realität oder verändern wir die Realität oder ist das beides das gleiche?"

220.

„Wir sind allesamt gefangen in einem Raum, welchen wir zu unseren Lebzeiten nicht mehr verlassen werden!"

221.

„Das Gehirn eines jeden mit einem solchen ausgestatten Lebewesens kreiert bis zu seinem Tode einen jeweils individuellen Film über die Realität!"

222.

„Realität ist zumeist das, worauf sich die mehrheitliche Bevölkerung geeinigt hat."

223.

„Die Welt ist niemals genau das, was wir gerade zu erleben glauben!"

224.

„Die naive Vorstellung einer einheitlichen Realität ist in Wahrheit nichts Weiteres als eine hartnäckige täuschend echte Illusion des Verstandes!"

225.

„Aus dem riesigen Spektrum theoretisch verfügbarer Daten, der sogenannten "Außenwelt", können wir als Spezies Mensch, aufgrund unserer beschränkten Gehirnen und Sinne, nur gänzlich kleine Bereiche wahrnehmen und in Form einer freien Interpretation verarbeiten!"

226.

„Unsere Sicht der Welt hängt davon ab, wie unser Gehirn Informationen verarbeitet / interpretiert und als wahr kategorisiert!"

227.

„Wir werden wohl niemals erfahren wie die Realität außerhalb unserer persönlichen Wahrnehmung tatsächlich beschaffen ist,

wir kennen stets nur jene Welt, welche das
Gehirn unaufhörlich selbst konstruiert!"

228.
„Liegt die wahre Wirklichkeit hinter
der für uns erfahrenen "Realität"?"

229.
„Wir glauben stets die Welt sei genau das,
was wir in ihr sehen, doch jedes Gehirn
erzeugt lediglich eine individuelle
Vorstellung / Interpretation einer
Wirklichkeit."

230.
„Das Problem in der menschlichen
Wahrnehmung liegt in der
selbstverständlichen Ansicht verborgen,
dass das, was sie wahrnehmen,
in Wirklichkeit auch genau so sei!"

231.
„Wir sehen und erleben die Welt nicht so
wie sie tatsächlich geschaffen ist, sondern

so wie wir als Subjekt Mensch geschaffen
sind!"

232.
„Materie besteht nicht
wirklich aus Materie!"

233.
„Wenn wir Materie wie beispielsweise ein
Stück Holz oder eine Betonwand
betrachten, entsteht für uns der Eindruck
einer festen, undurchdringlichen Substanz,
wenn wir diese Materie allerdings nun
immer genauer betrachten, landen wir
plötzlich bei unglaublich skurrilen,
faszinierenden Landschaften, obwohl es
sich augenscheinlich um zuvor ebene
Flächen gehandelt hat.
Schauen wir nun noch genauer hin, landen
wir unausweichlich buchstäblich im
Nichts!"

234.

„Potenzielle wahrscheinliche
Möglichkeiten"

235.

- Informationen – Energie
- Energie – Information
- Information – Materie
- Materie – Moleküle
- Moleküle – Atome
- Atom – Kern + Hülle
- Atomkern – Protonen / Neutronen
- Protonen / Neutronen – Quarks
- Quarks – –Elementarteilchen–
- Elementarteilchen – Masselos +
Wechselwirkung mit dem Higgsfeld
- Elementarteilchen – Strings?
- Strings – Informationen?

236.

*Gluonen (nach engl. glue „Leim")
stellt die Kraft dar, welche Proton, Neutron,
sowie Atomkern zusammenhält.
Gluonen=masselos+elektrisch neutral!

237.

„Geschätzter tatsächlicher Masseanteil der Materie = 0,000000001%"

238.

„Wahrnehmung = Messprozess
Messprozess erzwingt eine mögliche Realität!"

239.

„Das Leben selbst muss Energie aufwenden, um sich selber zu organisieren, sowie zu reproduzieren!"

240.

„Theoretisch sollte es möglich sein eine schier unendlich große Menge an Informationen auf einem unendlich kleinen Raum speichern zu können."

241.

„Von allen Seiten strömen Informationen, übertragen durch das Licht der entferntesten Galaxien, auf uns ein, welche

jeweilig unzählige Milliarden an Sterne enthalten. Diese ganzen unvorstellbaren Informationen kommen von allen Seiten gleichzeitig auf uns zu! Und obwohl dieser Prozess unaufhörlich geschieht, kommt es dennoch zu keinerlei Störungen!"

242.

„Was sich um sich dreht und beieinander bleibt entwickelt sich weiter, Information verschwindet nicht einfach, bleibt aber auch nicht einfach nur erhalten. Sie wächst!"

243.

„Eine Grundvoraussetzung des sich Entwickeln ist Feedback!"

244.

„Das Doppelspaltexperiment gilt als eines der wichtigsten Experimente im Bereich der Physik."

245.

„In der Welt der kleinsten Dimensionen (Quantenphysik) herrschen Gesetze, welche uns als seltsam und absurd zugleich erscheinen!"

246.

„Trotz gleichbleibender physikalischer Bedingungen (Doppelspaltexperiment) verhalten sich Lichtteilchen vollkommen unterschiedlich. Möchte man für das einzelne vorhersagen an welchem Punkt es landen wird, so erweist sich dies als schlicht unmöglich, es geschieht offenbar zufällig! Vergleichbar mit einer Patrone aus einem Scharfschützengewehr, welche nach ihrem Abschuß machen würde was auch immer sie wollte und wir somit nicht wüssten wohin sie fliegt bis sie schließlich irgendwo eingeschlagen ist."

247.

„Das Doppelspaltexperiment deutet zunächst darauf hin, das sich das Licht

gleichsam einer Welle verhält und im
Raum verbreitet."

248.

„Dass es für jeden Vorgang einen zurück
verfolgbaren ersichtlichen Grund geben
muss, gilt in der Welt der Quantenphysik
nicht!"

249.

„Beim Doppelspaltexperiment hat das
Lichtteilchen entweder die Möglichkeit
durch den linken oder den rechten Spalt
hindurch die Konstruktion zu passieren, das
Ergebnis zeigt jedoch, das es dem Teilchen
möglich zu sein scheint sowohl gleichzeitig
den linken als auch den rechten zu
Verfügung stehenden geöffneten Spalt zu
durchqueren!"

250.

„Der Begriff Superposition beschreibt
das physikalische Systeme in einer Art
Überlagerung von verschiedenen

unterschiedlichen Möglichkeiten existieren
können. Beim Doppelspaltexperiment ist es
beispielsweise die Möglichkeit gleichzeitig
beide geöffnete Spalte zugleich zu
passieren. Den Aufenthaltsort des
Lichtteilchens bezeichnet man in diesem
Fall als "unscharf"!

251.

„Montiert man nun jedoch schlauerweise
an jedem der beiden Spalten des Versuches
jeweils einen Detektor, um genauestens
messen zu können, ob es tatsächlich
möglich ist, das ein einzelnes Lichtteilchen
durch beide Spalten zugleich gelangen
kann, misst plötzlich immer nur noch einer
von beiden Detektoren jeweils einen
Vorgang!"

252.

„Erst durch die Messung selbst erhält das
Lichtteilchen plötzlich, wie durch
zauberhafte Weise, seinen exakten Ort.

Vor der Messung jedoch existiert kein fixer
Wert, erst im Moment des Messvorganges
wird er aus der Fülle aller potentiell
möglicher Orte zufällig ausgewählt und
festgelegt!"

253.

„Das der Aufenthaltsort eines Objektes bis
zu dem Moment seiner Messung ungewiss
ist, erscheint uns völlig absurd, wir kennen
diesen Effekt schließlich nicht aus unserem
Alltag, wo wir doch stets natürlich davon
ausgehen, das ein jedes Objekt sich
jederzeit an einem bestimmten Ort aufhält!"

254.

„In der Welt der Quanten gilt jedoch,
"Wird nicht gemessen, bleibt das wo stets
ungewiss." Es bleibt unscharf!"

255.

„Das Verhalten der kleinsten
Materieteilchen scheint stark daran
gebunden zu sein, ob wir sie gerade

beobachten oder eben nicht! Nach unserer
allgemeinen Logik sollte diese Welt jedoch
auch vollkommen unabhängig von uns
existieren!?"

256.

„Im alltäglichen Leben merken wir jedoch
nichts davon, da im Grunde bereits schon
durch die uns überall umgebenen
Luftmoleküle und unserer eigenen
individuellen Wahrnehmung stets ein
permanenter Messprozess vonstattengeht."

257.

„Bis heute hat kein einziges physikalisches
Experiment Zweifel an der Gültigkeit
der Quantenphysik aufkommen lassen!"

258.

„Die sogenannte "Verschränkung" ist eines
der verblüffendsten Erkenntnisse der
Quantenphysik, sie besagt, dass zwei
Teilchen miteinander in Verbindung
stehen, selbst dann noch, wenn sie räumlich

voneinander getrennt sind. Sie sind auf
geheimnisvolle Weise miteinander
verbunden!"

259.

„Ist es möglich, dass die Teilchen irgendwie
miteinander kommunizieren? Wenn ja,
dann müsste die Übertragung dieser Art der
Kommunikation augenblicklich und ohne
das vergehen jeglicher Zeit geschehen,
welches jedoch eine unendlich hohe
Geschwindigkeit voraussetzen würde. Doch
nach allgemeiner Lehrmeinung ist dies
schlichtweg unmöglich, da nichts schneller
als das Licht selbst sein kann.
Selbst Informationen können theoretisch
nicht schneller übertragen werden!"

260.

„Die bisher einzige schlüssige Erklärung
für dieses seltsame Phänomen ist, das die
Teilchen, ganz gleich wie weit sie auch
voneinander entfernt zu sein scheinen, in
Wahrheit überhaupt nicht getrennt sind, da

sie selbst über die größten Entfernungen
hinaus stets eine kosmische geschlossene
Einheit bilden!"

261.

„Wer glaubt, dass sich das Bewusstsein im Gehirn befindet, glaubt auch, dass sich das Orchester im Radio befindet."

262.

„Durch unsere Geburt erhalten wir die
Möglichkeit eines für Jedermann und jeder
Frau vollkommen einzigartigen
vierdimensionalen Filmerlebnisses, welcher
beständig durch eine innerliche persönliche
Erzählstimme kommentiert wird. Jeder
dieser Filme erzählt von ganz persönlichen
Erinnerungen und Empfindungen, die
jeweilige Handlung ist stets sehr privat und
immer einmalig!"

263.

„Bewusstsein bedeutet zu spüren, was sowohl außerhalb als auch innerhalb des Körpers geschieht?!"

264.

„Bewusstsein ist das Produkt eines permanenten Austausches zwischen unseren externen Wahrnehmungen und unseren internen Emotionen?!"

265.

„Bewusstsein ist eine evolutionäre Fähigkeit des Gehirns, um eine immer differenziertere Vorstellung von der "Außenwelt" zu entwickeln?!"

266.

„Bewusstsein ist eine Art der Selbstreflektion?!"

267.

„Dadurch, das uns das Wissen darüber das unser Gehirn lediglich die Daten /

Informationen der "Außenwelt"
rekonstruiert, indem es sie interpretiert,
nicht natürlich gegeben ist, fallen wir auf
die hartnäckige Illusion herein, das die
Welt, welche uns vermeintlich umgibt, die
tatsächlich "echte" Realität darstellt!"

268.
„Ein Baby wird seiner Wahrnehmung
ungefähr ab dem 5. Monat bewusst!"

269.
„Sich einer Information bewusst zu sein
bedeutet noch nicht zugleich sich seiner
selbst bewusst zu sein!"

270.
„Ab dem zweiten Lebensjahr eines Kindes
entwickeln sich die ersten Grundzüge eines
Selbstbildes!"

271.
„Wir sind ständig damit beschäftigt uns
selbst etwas zu erzählen. Wir erzählen uns

eine Geschichte, um dadurch unsere eigene
Geschichte selbst besser zu leben. Dabei ist
uns jedoch nicht bewusst, das es sich
tatsächlich nur um eine Geschichte
handelt!"

272.
„Wir erschaffen mit identischen Mitteln,
welche auch Romanautoren nutzen,
die Fiktion unseres eigenen Lebens!"

273.
„Jedes Leben birgt den Stoff, sowie das
Potenzial einer verdammt guten Geschichte,
allerdings ohne Happyend-Garantie und
vorherige Auswahl des Genres!"

274.
„Das Gehirn trifft bereits bis zu 7 Sekunden
im Voraus eine Entscheidung, noch bevor
diese überhaupt im Bewusstsein
angelangen konnte!"

275.

„Der Mensch kann zwar durchaus das tun was er will, aber er kann niemals zugleich das entscheiden, was er überhaupt will!"

276.

„Die Aufgabe des Gehirns dient unter anderem der Produktion von Gedanken, ganz so wie die Lunge der Atmung dient. In beiden Fällen sind wir an diesen Prozessen nur bedingt aktiv dran beteiligt!"

277.

„Je achtsamer ich die Prozesse in meinem Inneren erkenne, wahrnehme und verstehe, umso freier bin ich zugleich, auch in dem Umgang mit mir selbst!"

278.

„Das Gehirn entwickelt sich durch beständiges Training unentwegt weiter."

279.

„Das Gehirn kann durch seine eigene Kraft seine Funktionsweise wandeln!"

280.

„Es ist überhaupt nicht selbstverständlich davon auszugehen man besäße tatsächlich so etwas wie ein eigenständiges Ich!"

281.

„Das Ich muss zunächst entdeckt und dann schließlich entwickelt werden!"

282.

„Die Verkörperung des Ich's als eigenständige Identität ist vielmehr kulturell bedingt, als das sie tatsächlich der Wahrheit entspringt!"

283.

„Der wohl falscheste Satz in der gesamten Geschichte der Philosophie "Ich denke also bin ich". Denn Ich denke nicht!

ES denkt.

Ich "erlebe" lediglich diese Gedanken!"

–Ich erlebe Gedanken, also ist etwas!–

284.

„Gedanken scheinen unmittelbar an die Sprache gebunden zu sein, da sie ohne diese als nicht vorstellbar erscheinen und zudem im Gegensatz zu unseren Emotionen auch verstärkt rationale Inhalte repräsentieren."

285.

„Beim Stummensprechen (Denken) werde in etwa die gleichen Areale aktiviert, welche auch beim aktiven (lauten sprechen) genutzt werden!"

286.

„Wenn man seine persönlichen Talente nicht erkennt und somit weder nutzt noch abfragt, dann ruhen sie einfach still vor sich hin und bleiben stets ungenutzt und unentwickelt!"

287.

„Nur die wenigsten aller Objekte, dessen Informationen übertragen durch das Licht auf meine Augen treffen, gelangen dann auch tatsächlich zu einer bewussten Repräsentation (ungefähr vier), welche dies sind wird schließlich unbewusst nach der jeweiligen Aufmerksamkeit, die sie erregen beurteilt. Der Täuschung, welcher wir erliegen, dennoch wesentlich mehr Objekte wahrnehmen zu können, liegt darin verborgen, das unsere Aufmerksamkeit sich sehr schnell wechselt / verlagert!"

288.

„Wir sind so konstruiert, das wir auf alle Reize mit Gedanken und Gefühlen reagieren!"

289.

„Während eines Traumes ist der Traum selbst nicht an die uns bekannte Art der Zeit gebunden!"

290.

„Stumpfsinnige blinde Gehorsamkeit ist anders als die offenherzige gegenseitige Empathie, eine reale Gefahr für jedes demokratische System!"

291.

„Warum unterwerfen wir uns freiwillig dem Willen anderer Menschen?"

292.

„Warum erwarten wir nicht selten von anderen Menschen selbst Gehorsam?"

293.

„Gehorsamkeit bedeutet zunächst einmal das eigene Selbst nicht richtig entwickeln zu können, gleichzeitig bedeutet es zudem Eigenverantwortung abzulehnen und es lediglich seinem nach Gehorsamkeit fordernden Mitmenschen Recht zu machen. Politisch betrachtet hat dieser Umstand nicht selten hin zu einer Katastrophe geführt!"

294.

„Menschen möchten sich nicht selten gleich zweier oder mehrerer Königshäuser gegenseitig erobern."

295.

„Durch die Entwicklung der größeren Zivilisationen und dem Wunsche nach eigenen persönlichen Besitztümern, entstand zugleich auch das Grundgeflecht des allgemeinen zivilen Gehorsams, sowie dessen Umsetzung."

296.

„Die moderne Gesellschaft sieht die Fähigkeit Schmerz in anderen zu erkennen und mitfühlend darauf zu reagieren, schon fast also so etwas wie eine Art der Schwäche an!"

297.

„Wenn Menschen als Kinder ungeliebt aufgewachsen sind, haben sie nicht selten über die Jahre (unbewusst) eine unberechenbare und besondere Art der Wut, Aggression, sowie Frustration in sich angestaut, welche sich aber nur selten tatsächlich gegen die wahrhaftig Schuldigen dieses Umstandes richten, sondern vielmehr gegen unschuldige, schwächere Dritte!"

298.

„Blinde Gehorsamkeit ist wohl das mit am meist verbreitete Symptom, welches sich quer durch unsere Gesellschaft zieht!"

299.

„Viele Eltern sind leider bereits selbst in dem Gedankengut gefangen, das Leistung mit das wichtigste im Leben darzustellen scheint und übertragen diesen Aspekt dadurch automatisch auch auf die erzieherischen Maßnahmen und Ansichten ihre Kinder!"

300.

„Es sollte nicht üblich sein, dass die
Abnabelung der Kinder von den Eltern
durch selbige, stets erzwungen oder
planmäßig durchgeführt wird.
Das jeweilige Kind muss vielmehr durch
sich selbst heraus den Anreiz finden sich
abzukapseln, um eigene Wege zu gehen.
Die Eltern können hierbei nur als
unterstützende Kraft fungieren!"

301.

„Es sind insbesondere die ersten drei
Monate nach der Geburt eines Kindes,
wo der besondere Kontakt zu den Eltern
am wichtigsten erscheint!"

302.

„Empathie kann im Grunde nicht völlig
verloren gehen, es kann lediglich
unterdrückt und geleugnet werden!
Die Kunst liegt darin verborgen sie wieder
zu entdecken."

303.

„Empathie ist die besondere Art
der Empfindung von Schmerz!"

304.

„Hat meine persönliche Lebensgeschichte
nicht vielmehr die Wertigkeit eines
Traumes?"

305.

„Kennst du das Gefühl, wenn sich ein
Traum realer anfühlt als dein tatsächliches
Leben?"

306.

„Was wirkt unwirklicher
Leben oder Traum?"

307.

„Das einzige, was ich nicht bezweifeln
kann, ist das etwas ist, das Sein!"

308.

„Bist du nicht das Universum lediglich in
Menschengestalt? Sag, bist du nicht die
Welt, welche sich selbst erfährt?
Ist nicht alles nur das Eine verteilt als das
Viele? Du und ich sind eins, alles ist gleich
und wirkt dennoch verschieden in der
Welt, der Illusion! Das göttliche Spiel der
Selbsterfahrung, was auch sonst will man
tun, wenn es außer einem selbst nichts
anderes gibt?"
Sei still und wisse, du bist ich und ich bin
du. –**Tat Twam Asi**

309.

„Früher oder später bricht über jedermanns
Leben einmal das Chaos herein und nicht
selten muss man mehr als nur einmalig
schmerzhaft erkennen, dass diese Welt
sowohl das Leid als auch das Glück
ungleich verteilt haben muss. Doch sage ich
dir, der, wer ohne Leid durch dieses Leben
gelang, der hat wohl niemals wirklich
tatsächlich gelebt!"

310.

„Das Denken isoliert Situationen oder Ereignisse und beurteilt und bewertet sie aufgrund der Grundlage der eigenen moralischen Werte danach, ob diese als gut oder schlecht empfunden werden, so als hätten sie ein Eigenleben!"

311.

„Wenn man sich stets allein nur auf das reine Denken verlässt, wird die Welt nur noch fragmentiert erkannt."

312.

„Das Sein, die Welt, das Universum ist ein unteilbares Ganzes in dem alles wechselseitig miteinander verbunden ist und nichts für sich allein besteht!"

313.

„Eine simple triviale Einteilung in Kategorien, wie gut oder schlecht, sind stets nur relativ wahr und zeugen von einer sehr

eingeschränkten perspektivischen
Wahrnehmung!"

314.

"Der Ausdruck "das mag wohl so sein" steht
für die Weigerung etwas was geschieht zu
bewerten oder zu beurteilen, stattdessen
akzeptiert man es einfach und fügt sich
dadurch bewusst in eine Art der höheren
kosmischen Ordnung ein!"

315.
"Auf etwas Bestimmtes ungeduldig / nervös
zu warten suggeriert, das der erwartete
Moment als qualitativ wertvoller
empfunden wird, als der gegenwertige
Moment im Hier und Jetzt!"

316.

"Der augenblickliche Moment scheint
selten genug zu sein, deshalb streben wir
oftmals bereits rastlos den nächsten an, in
der Hoffnung, dass dieser einem nun aber

endlich die erwartete und sehnlichst
erhoffte Erfüllung erbringt."

317.
„Jede eingetroffene Erfüllung erfüllt selten
lang und verlangt stetig nach dem nächsten
"Schuss"!"

318.
„Viele Menschen warten in ihrem Leben
oftmals ein Leben lang darauf endlich
"wirklich" zu leben und bemerken dabei
nicht einmal, dass sie ihr Leben bereits
längst an sich selbst vorbei gelebt haben!"

319.
„Aktives warten. Man bemüht sich selbst
durch aktives Handeln zum nächsten
erhofften Moment zu gelangen und dem
"jetzt" zu entkommen!"

320.
„Passives warten: Ein innerliches geistiges /
gedankliches hoffnungsvolles Warten auf

das baldige Eintreffen des nächsten
Wunsch/Moment!"

321.

„Stress bedeutet nicht selten so schnell
wie möglich den nächsten Moment
zu erreichen!"

322.

„Das Glück des Menschen scheint selten
tatsächlich im Hier und Jetzt verborgen zu
liegen, der stets persönliche Fokus scheint
vielmehr auf der erst noch eintretenden
Zukunft konzentriert zu sein!"

323.

„Viele Mensch leben so, als ob der jetzige
gegenwärtige Moment nichts weiter als ein
hinderliches Hindernis für sie sei, so sehr
versunken sind sie in den Gedanken an die
Zukunft und gleichzeitig taub und blind für
das entscheidende im Hier und Jetzt!"

324.

„Sich endlich vollkommen erfüllt zu fühlen
und im Leben angekommen zu sein, sind
zwei menschliche Sehnsüchte, welche
einem nicht selten vom Ziele selbst
beständig weiter und weiter entfernen!"

325.

„Das eigentliche Leben findet niemals zu
einem anderen Moment statt, als in jenem
gegenwertigen Moment, welchen du gerade
beim Lesen verspürst, du lebst genau hier
im Jetzt nicht im Gestern und nicht im
Morgen, deine Heimat liegt stets genau im
hier verborgen. Versuchst du dem zu
entrinnen, fühlst du dich in deinem jetzigen
Heim wohl nicht wohl!?"

326.

„Noch niemand ist zum nächsten Moment
gelangt bevor dieser nicht zur Gegenwart
wurde, gehe keinen Sprint ein, wenn die
Dinge sowieso beständig in deine Richtung
ziehen!"

327.

„Das einzige, was immer nur Bestand hat,
ist die Wirklichkeit im gegenwärtigen
Moment!"

328.

„Aufgrund des weit verbreiteten Gedanken
"Ich bin noch nicht genug" ist wohl jeder
Mensch auf der beständigen Suche danach
mehr und mehr Dinge (Objekte, Gedanken,
Konzepte) zu finden, mit denen er sich
gleichsam identifizieren kann!"

329.

„Nicht selten liegt die Angst vor dem
persönlichen Tode in der Angst davor
verborgen niemals wirklich tatsächlich
gelebt zu haben!"

330.

„Der Mensch verliert sein eigenes Selbstbild
nicht selten sein Leben lang in rein
gedanklichen Konzepten!"

331.

„Der Mensch ist (nicht selten auf der Grundlage von materiellem Besitz) auf der Suche nach der Vervollständigung seines individuellen persönlichen Selbstbildes!"

332.

„Das gedankliche Geflecht, welches wir in seiner Gesamtheit fälschlicherweise als unser tatsächliches Ich definieren, hat ganz egal wie viel auch immer man bereits in seinem Leben angehäuft hat oder mit was auch immer man sich bereits identifizieren konnte, nur selten tatsächlich jemals genug, es will vielmehr immer mehr!"

333.

„Menschen, welche in ihrem Leben vermeintlich bereits alles erreicht haben (Macht, Anerkennung und Reichtum), sind nicht unbedingt zwangsläufig glücklicher als derjenige, welcher dies nicht hat. Denn anders als im Vergleich zu dem Armen hat der Reiche eventuell bereits schon das

durchschaut, was ihm wahrscheinlich
weiterhin im Ungewissen verborgen bleibt,
nämlich, das all das mehr nicht
zwangsläufig auch zu mehr Glück und
Lebensfreude führt!"

334.
"Illusionen als solche zu durchschauen
ermöglicht uns stets noch ein Stück weiter
tiefer zu blicken."

335.
"Es ist weder notwendig, noch liegt es im
Schicksal des Menschen, genau das alles zu
erreichen, was sie wollen."

336.
"Sich selbst und die eigene Erfüllung in der
Anhäufung von materiellem Besitz zu
suchen, gleicht einem verdurstenden
Menschen, welcher sein Leiden dadurch zu
lindern versucht, indem er damit beginnt,
salziges Meerwasser zu trinken!"

337.

„Wo auch immer du hin versuchst vor deinen Problemen weg zu laufen, am Ende findest du letztendlich immer wieder nur dich selbst!"

338.

„Es gibt zwei vollkommen unterschiedliche Wege um dennoch unglücklich zu sein
1. Indem ich nicht das bekomme, was ich will!
2. Indem ich genau das bekomme, was ich will!"

339.

„Auf der rastlosen Suche nach mehr, sucht man doch letztendlich immer nur sich selbst!"

340.

„Das Ich braucht seine Feinde und findet sie in der Regel auch sehr schnell!"

341.
Erkenne dich selbst:
„Wer bin ich? Bin ich nicht niemand und dennoch alles zugleich?!"

342.
„Die Selbsterkenntnis muss im Sein wurzeln, anstatt sich im Denken zu verirren!"

343.
„Alles was für dich zählt und Bedeutung hat beinhaltet zugleich auch die Macht dich zu beunruhigen und aus der Fassung zu bringen!"

344.
„Was für uns Bedeutung hat ist nicht unbedingt immer das, was wir sagen oder glauben, sondern was unser Handeln und unsere Reaktionen darauf uns als relevant vermitteln!"

345.

„Wenn kleinste Kleinigkeiten dich bereits
aus der Fassung bringen, sag, bist du dann
nicht selber klein?"

346.

„Das Ich sucht viel zu oft Sicherheit und
Erfüllung in Dingen, welche allzu leicht
vergänglich sind!"

347.

„Wenn du wirklich Frieden willst, dann
wirst du dich auch für den Frieden
entscheiden!"

348.

„Je eingeschränkter und egozentrischer
dein eigenes Bild von dir selbst ist,
umso eher wirst du genau eben diese
Eigenschaften vermeintlich auch vermehrt
bei deinen Mitmenschen interpretieren!"

349.

„Das, was wir als Fehler bei anderen
Menschen wahrnehmen, wird für uns
schnell zu deren Identität!"

350.

„Indem ich mich stets nur auf das Ego der
anderen fixiere, nähre ich unbewusst das
eigene!"

351.

„Das, worauf ich bei anderen reagiere, ist
nicht selten auch bereits schon in mir!"

352.

„Das, was unserer Empfindung nach die
anderen Menschen uns oftmals antun
wollten, haben wir oftmals bereits selbst
den anderen schon längst angetan."

353.

„Jede Vorstellung über das Ich
bleibt eine Vorstellung!"

354.

„Wer du persönlich zu sein glaubst, ist häufig daran gekoppelt, wie du dich von anderen behandelt fühlst!"

355.

„Du kannst nicht erwarten etwas zu empfangen, was du nicht bereit bist auch selbst zu geben!"

356.

„Schon wenn du einer fremden Person ein einfaches Lächeln schenkst, bist du bereits ein gebender Mensch!"

357.

„Du brauchst nicht viel zu besitzen, um dich dennoch wahrhaftig reich zu fühlen."

358.

„Die eigene persönliche Lebensgeschichte beruht auf einem rein gedanklichen Selbstbild!"

359.

„Unser Name ist nicht unmaßgeblich daran mitbeteiligt, dass wir uns ununterbrochen mit einer Gedankenform identifizieren, welche wir als unser persönliches ich deuten."

360.

„Das Schicksal eines jeden Menschen scheint darin zu bestehen, dass er sich an die Dinge dieser Welt zunächst einmal verlieren muss!"

361.

„Wenn die meisten Menschen „ich" sagen, beziehen sie sich doch zumeist lediglich auf ihre jeweilige gedankliche Lebensgeschichte!"

362.

„Das Ich, welches aus Gedanken besteht, erhält sich selbst nicht selten alleine dadurch, dass man ständig im Konflikt mit

anderen gerät und auf der Suche nach
Problemen ist!"

363.

„Das Ich kann nur überleben indem es das "Nicht-Ich" hat "die Anderen"!"

364.

„Je stärker man sich selbst mit dem eigenen
gedanklichen Ich-Konstrukt identifiziert,
umso mehr braucht man und fürchtet man
„die Anderen" zugleich."

365.

„Ein jeder Standpunkt ist eine rein gedankliche Haltung, mit welcher ich mich bereitwillig identifiziere!"

366.

„Das eigene illusorische gedankliche Ich
geht sehr weit, nur um sich selbst in seiner
eigenen Wahrnehmung noch ein Stück weit
mehr zu bestärken. Notfalls auch im sich
beklagen und im selbstbemitleiden!"

367.

„Umso mehr ich mich mit der gedanklichen Stimme in meinem Kopf, welche nur selten schweigt, identifiziere, desto tiefer und tiefer versinke ich in der Illusion des selbst, des Ich's!"

368.

„Das Bewusstsein scheint essentiell, um über sich selbst nachdenken zu können!"

369.

„All diejenigen, welche sich oft die Fragen, „wie und warum" stellen und sich ihre natürlich angeborene kindliche Neugierde und Fantasie beibehalten konnten, betreiben Philosophie."

370.

„Die Welt stellt ein Meer aller Möglichkeiten dar!"

371.

Quanten:

„Quantenmechanik bedeutet das Spiel und die Darstellung von unzähligen Möglichkeiten!"

372.

„Bisher hat noch kein einziges Experiment die Quantentheorie wiederlegen können!"

373.

„In der Welt der Quantenphysik lassen sich die Dinge nur äußerst ungern auf nur einen einzigen Ort oder nur eine bestimmte Richtung festlegen.

Es ist vielmehr so, als befänden sie sich an mehreren Orten gleichzeitig!

„Wenn sich alle Menschen genauso wie subatomare Teilchen verhalten würden, wüssten wir die meiste Zeit nicht einmal mit Bestimmtheit, wo sie sind." Im Grunde könnten sie sich bis zu dem Moment, wo man gezielt nach ihnen beginnt zu suchen, überall zugleich befinden!"

374.

„Jegliche moderne Elektronik wie Computer, Smartphones und dergleichen entstammen aus den Erkenntnissen der Quantenphysik, hätten wir dieses Wissen niemals entdeckt, befänden wir uns wahrscheinlich technisch noch immer im 19. Jahrhundert!"

375.

„Die Quantenmechanik ist die erfolgreichste Theorie, welche die Physik jemals hervorgebracht hat und dennoch wird noch immer darüber gestritten, was sie eigentlich genau bedeutet!"

376.

„Bevor ein Teilchen durch einen Messprozess beobachtet wird, gelten dessen Eigenschaften als "unbestimmt"!"

377.

„Bei einem Messvorgang von einem Teilchen wird dieses schlussendlich dazu

gezwungen von allen möglichen Orten, wo
es sich theoretisch aufhalten könnte, nun
einen definitiven Ort auszuwählen, wo es
sich befindet!"

378.
„Die Natur der "Wirklichkeit/Realität" gilt
als grundsätzlich unbestimmt?"
(Digitale Informationen / Schopenhauer's
Wille!?)

379.
„Die Verschränkung:
("spukhafte Fernwirkung")
Zwei miteinander verschränkte Teilchen
können sich zig Lichtjahre voneinander
entfernen, aber sie bleiben dennoch
untrennbar miteinander verbunden.
Misst man beispielsweise bei Photon A eine
vertikale Polarisation, dann ist Photon B
sofort horizontal polarisiert, obwohl sein
Zustand noch unmittelbar vorher
überhaupt nicht festgelegt war!"

380.

Mathematik:

„Mathematik kann sowohl als Erfindung als
auch Entdeckung zugleich betrachtet
werden!"

381.

„Die Mathematik scheint eng mit der Natur
verwoben zu sein und einen fundamentalen
Teil der Welt auszumachen!"

382.

„Viele Mathematiker haben das Gefühl,
dass die Mathematik gefunden und nicht
erfunden wurde, so als sei sie bereits selbst
ein Teil der Natur!"

383.

„Die Grundbausteine der Mathematik sind
eventuell ähnlich wie die Fähigkeiten
Muster und Formen zu erkennen, bereits in
unseren Gehirnen vorprogrammiert!?"

384.

„Die Mathematik dient uns als ein nützliches Werkzeug, um all die Gesetzmäßigkeiten unserer Welt zu entdecken."

385.

„Das Universum scheint in der Sprache der Mathematik geschrieben!"

386.

„Es ist bis jetzt unerklärlich, weshalb die Mathematik so hervorragend dazu genutzt werden kann, um unsere Welt zu erklären und zu beschreiben!"

387.

„Durch den Higgs-Mechanismus wird beschrieben, wie die grundlegende Eigenschaft „Masse" auf der Ebene der Elementarteilchen zustande kommt."

388.

„Der Raum dient uns als Orientierung und ist aktiv, dynamisch, sowie flexibel!"

389.

„Der Raum bildet die Bühne auf welcher das Drama des Universums aufgeführt wird."

390.

„Obwohl wir den Raum, welcher uns umgibt, weder sehen noch berühren oder gar riechen/schmecken können, scheint dieser dennoch real genug zu sein, um als Bezugspunkt für bestimmte Arten von Bewegungen zu dienen."

391.

„Zeit und Raum sind relativ und fließen ineinander über!"

392.

„Der Raum selbst passt sich an, um die Lichtgeschwindigkeit konstant zu halten!?"

393.

„Das Geheimnis der Gravitation liegt im Wesen der Raumzeit, welche so flexibel zu sein scheint, dass sie ähnlich wie Stoffgewebe gedehnt werden kann. Gravitation ist eine geometrische Eigenschaft der gekrümmten Raumzeit, durch die Anwesenheit von Objekten."

394.

„Auf atomarer Ebene ist der "leere Raum" nicht tatsächlich leer, sondern voll von Aktivität. Teilchen tauchen plötzlich aus dem Nichts auf, vernichten sich nicht selten gegenseitig oder verschwinden gleich wieder spurlos!"

395.

„Moderne Theorien über schwarze Löcher besagen, dass die "Realität" zweidimensional ist und das unserer dreidimensional wahrgenommenen Welt in Wirklichkeit eine Art von Hologramm an der Umgrenzung des Raumes darstellt!"

396.

„Alle Informationen der Materie, welche
von der gewaltigen Anziehungskraft eines
schwarzen Lochs verschlungen wurde,
werden anscheinend (ähnlich der
Datenspeicherung in einem Computer)
auf der Oberfläche des schwarzen Lochs
zweidimensional abgespeichert!
(Alles, was in dem jeweiligen schwarzen
Loch vor sich geht, könnte somit theoretisch
bereits von draußen abgelesen werden.)

397.

**Was wir als dreidimensionale Realität
erfahren, könnte in Wahrheit so etwas wie
ein gigantisches Hologramm darstellen!"**

398.

„Zeit ist im Wesentlichen vielmehr mit
einer rein individuellen Wahrnehmung zu
vergleichen, jedes Lebewesen hat seine ganz
eigene Vorstellung von ihr!"

399.

„Zeit scheint nicht das zu sein für was wir sie im Allgemeinen halten, in Wahrheit könnte es gar sein, dass es keinerlei tatsächlichen Unterschied zwischen der Vergangenheit der Gegenwart und der Zukunft gibt!

400.

„Entgegen unserer alltäglichen Erfahrung fließt die Zeit wahrscheinlich überhaupt gar nicht ähnlich eines Flusses konstant in nur eine Richtung (von einem Moment zum nächsten der Zukunft entgegen)!"

401.

„Unsere Vorstellungen von der Zeit sind wohl größtenteils illusorischer Natur, es scheint gar so als fliese die Zeit überhaupt nicht! Unsere Vergangenheit wäre somit überhaupt nicht tatsächlich vergangen und unsere Zukunft im Grunde bereits schon längst da!"

402.

„Wie sich bereits herausgestellt hat,
ist die Zeit dazu in der Lage sich zu
beschleunigen, als auch zu verlangsamen!"

403.

„Ereignisse, welche sich stets nur in eine
Richtung zu entwickeln scheinen
(das zerspringen eines zu Boden fallenden
Glases), könnten theoretisch auch in
umgekehrter Reihenfolge stattfinden!"

404.

„Zeit ist etwas mit dem jeder (bis er sie
genauer beschreiben soll) gut vertraut zu
sein glaubt."

405.

„Versuchen Sie doch einmal die Definition
der Zeit selbst zu definieren!"

406.

„Zeit ist für den Menschen oftmals nichts weiter als ein sich ständig wiederholender Prozess!"

407.

„Unsere Uhren können uns zwar eine gewisse Uhrzeit angeben, sagen dabei jedoch nichts über die Zeit selbst aus!"

408.

„Es gibt keine Zeit im Sinne eines universellen Flusses!"

409.

„Es Scheint so als würde eine tiefgreifende Verbindung zwischen dem Raum und der Zeit existieren!"

410.

„Raum und Zeit bilden durch ihre gemeinschaftliche Einheit die sogenannte vierdimensionale Raumzeit."

411.

„Selbst wenn ich mich (weil ich still stehe) gerade nicht durch den Raum bewege, so bewege ich mich dennoch noch weiterhin durch die Zeit!"

412.

„Bewege ich mich dagegen durch den Raum, beeinflusse ich plötzlich den Lauf der Zeit. (Eine Bewegung durch den Raum beeinflusst also stets auch den Lauf der Zeit!)"

413.

„Für denjenigen, der sich im Raum bewegt, vergeht im Gegensatz zu dem im Raum auf einem Flecke Ruhenden, die Zeit langsamer!"

414.

„Bei der langsamen Geschwindigkeit, mit welcher wir Menschen uns auf unserem Planeten Erde bewegen, ist der Einfluss der Bewegung auf die Zeit so gering, dass wir

ihn selber nicht bewusst wahrnehmen
können!"

415.
„Man könnte sich die Zeit auch als eine
Reihe von Schnappschüssen (Augenblicke)
vorstellen. Jedes einzelne Ereignis könnte
somit als eine Art Abfolge vieler einzelner
Momente angesehen werden!"

416.
„Vergangenheit, Gegenwart, sowie Zukunft
sind zu jedem Moment stets gleichermaßen
vorhanden und sollten vielmehr als
Gesamtheit angesehen werden und nicht
als getrennt voneinander existierend!"

417.
„Der vermeintlich stets in eine Richtung
fließende Fluss der Zeit gleicht vielmehr
einem eingefrorenen Fluss, in welchem
jeder einzelne Moment (Vergangenheit,
Gegenwart, Zukunft) fest eingeschlossen
ist!"

418.

„Die Dinge verändern sich lediglich aus unserer subjektiven Perspektive, genau wie bereits der gesamte Film auf einer Filmrolle vorhanden ist, sind auch alle Momente der Zeit bereits existent!"

419.

„Alles im Universum scheint dazu zu neigen sich von dem Zustand der Ordnung in die Unordnung zu begeben!"

420.

„Es gibt stets nur einen Zustand der perfekten Ordnung, in der Unordnung hingegen liegt ein Potential, der schier unendlichen Zustände verborgen!"

421.

„Die Dinge entwickeln sich von der Ordnung hin zur Unordnung (das zuvor noch intakte Glas geht durch das auf den Boden fallen von dem Zustand der

Ordnung in den Zustand der Unordnung
ganz/kaputt)!"

422.

„Der Urknall stellte den Moment des
Vergehens einer zuvor ultimativen
vollkommenen Ordnung dar!"

423.

„Der Beginn der Ordnung zur Unordnung
begann in dem Augenblick des Urknalls!"

424.

„Wo keinerlei Ereignisse mehr stattfinden,
ist die Zeit überhaupt nicht mehr denkbar!"

425.

Universum
„Die gewaltige abstoßende Gravitation der
Inflation stellt den Knall im Urknall dar!"

426.

„Sollte es Regionen im Universum geben,
wo dessen Inflation irgendwann einmal

zum Erliegen kommt, könnte es dennoch
noch weiterhin Bereiche geben, wo dies
niemals geschieht und dadurch zyklisch ein
"neues" Universum nach dem anderen
entsteht."

427.

Simulation

„Wer die Welt mit den heutigen
Ergebnissen der modernen Physik, sowie
der Hirnforschung betrachtet, wird wohl
unausweichlich auf den Gedanken
kommen, dass die Wahrscheinlichkeit recht
hoch gegeben ist, dass wir uns in einer
simulierten Welt befinden!"

428.

„Wenn einem nicht bewusst ist, dass man
sich in einer simulierten Welt befindet,
wird man diese Welt aufgrund mangelnder
Referenzen zweifellos als
"die echte Welt" definieren und
anerkennen!"

429.

„Leben wir in einer Simulation, welche dazu da ist, um uns jeweilig aufzuzeigen wie wir uns im Einzelnen in der Vergangenheit verhalten hätten?"

430.

Anzeichen für eine simulierte Realität…

„1. Der Beginn der "Realität" ist mystischen Ursprungs (die Entstehung buchstäblich aus dem Nichts)

2. Die kontinuierlich immer rasantere Ausdehnung des "Universums""
(Wenn alles was unsere Realität ausmacht dem physischen Universum entspricht wohin genau dehnt sich unser Universum dann überhaupt aus?)

431.

„Bei einer simulierten Realität wäre dieser verwirrende Zustand jedoch überhaupt nicht gegeben, da lediglich die Zahlen des Computers, welcher diese simulierte Realität berechnet, einfach größer werden würden! (Der Raum selbst wäre somit auch nichts weiter als ein rein simuliertes Gebilde).

Wenn etwas virtueller Natur ist, kann es wachsen und schließlich so groß werden wie auch immer es werden soll, solange die technischen Kapazitäten es zu lassen!"

432.

„Der Hirnforscher Karl Pribram hat seit Mitte der sechziger Jahre versucht, aus der Weise der Erinnerungsspeicherung die umfassende Theorie eines holographisch arbeitenden Gehirns und letztlich eines holographischen Universums abzuleiten."

433.

„Trainierte Versuchstiere wurden selektiv Teile des Gehirns zerstört, wobei man annahm, irgendwann jene Stelle erwischen zu können, in der das Gelernte gespeichert ist." (Diese operativen Eingriffe verschlechterten zwar die Leistungen der

Versuchstiere, doch es war unmöglich das
zu löschen, was man sie gelehrt hatte!)

434.

„Es schien, dass das Erinnerungsvermögen
nicht an einer einzelnen Stelle sich befindet,
sondern über das ganze Gehirn verteilt ist."
(Hologramme stellen einen Schnappschuss
von interferierenden Energiefeldern dar
und die holographische Platte speichert
Informationen nicht lokal, sondern über die
gesamte Platte verteilt!)

435.

„Die Tatsache, dass man mit jedem
beliebigen Stück eines Hologramms der 1.
Generation das Ganze rekonstruieren kann,
verführte Pribram dazu, holographische
Informationsspeicherung als Modell für das
Erinnerungsvermögen des Gehirns zu
verwenden. (Das Gedächtnis scheint verteilt
zu sein und vielleicht interpretiert es durch
und durch bioelektrische Frequenzen!)"
436.

„Pribram nahm an, dass das Gehirn in seinem Netzwerk Erinnerungen als ein Muster speichere, das ihre Dechiffrierung ermögliche, so wie das feine Netz von Interferenzmustern im Hologramm die Rekonstruktion des aufgezeichneten Objekts ermöglicht!"

437.

„"Realität" scheint wesentlich plastischer und leicht veränderbarer zu sein als man es von einem vermeintlichen Festkörperkonstrukt annehmen würde!"

438.

„Jeder noch so kleine Teil des Universums beinhaltet wohl möglich zugleich auch alle Teile des gesamten Universums."

439.

„Unsere alltägliche Auffassung, dass alles getrennt voneinander existiert, ist auf einer wesentlich tieferen Ebene überhaupt nicht

mehr länger haltbar und gar ein wenig
lächerlich!"

440.

„In unserer westlichen Art und Weise zu
denken, begreifen wir nur selten, dass die in
unsere Köpfen befindlichen Worte und
Konzepte lediglich fiktiv dazu geschaffen
wurden, um die Objekte und Geschehnisse
innerhalb unserer "dreidimensionalen Welt"
beschreiben zu können!"

441.

„Die Natur scheint alle möglichen
mathematischen Sprachen in sich vereinigt
zu haben!"

442.

„Das Gehirn verwendet anscheinend die
gleiche mathematische Sprache zur
Verarbeitung von Sinneseindrücken wie sie
bei der Erzeugung eines Hologramms
ebenfalls ihre Anwendung findet!"

443.

„Wenn wir an der äußeren Grenze des für uns messbaren angelangt sind, gehen wir gerne davon aus, dass es jenseits dieser Grenze überhaupt nichts Weiteres mehr zu messen gibt."

444.

„Was wir für "die Realität" halten ist in Wahrheit nur das durch unseren Verstand interpretierte Bild der "Außenwelt"!"

445.

„Wir reagieren mehr auf unsere inneren Realitätsmodelle, hervorgebracht durch unseren Verstand, als auf die "tatsächliche äußere Realität" selbst!"

446.

„Das Gehirn erschafft das Bewusstsein nicht, sondern reflektiert / spiegelt es lediglich!"

447.

„Das Bewusstsein ist wohl die Grundlage allen Seins und gilt von daher gleichermaßen als einzigartig und ursprünglich zugleich, doch wie ist es möglich, dass dieses Bewusstsein sowohl Subjekt, Objekt, als auch Tonangebender während einer Erfahrung zugleich sein kann?"

448.

„Realität ist eine hartnäckige Illusion, vergleichbar mit einem Hologramm!"

449.

„Die Realität scheint sowohl digitaler Natur zu sein, als auch von unserem Bewusstsein generiert zu werden!"

450.

„Die objektive physische Realität scheint nicht unabhängig eines wahrnehmenden Subjekts existieren zu können!"

451.

„Jegliche Materie besteht aus
Daten/Informationen, sämtliche
Naturkräfte stellen wiederum die Regeln
dar, nach welchen die Daten/Informationen
miteinander interagieren!"

452.

„Es besteht keine tatsächliche Veranlassung
dazu anzunehmen, dass die Welt einen
kontinuierlichen Charakter hat!"

453.

„Es deutet eine Fülle an Hinweisen
daraufhin, dass unsere Welt digitaler Natur
zu sein scheint!"

454.

„Unser Universum scheint so perfekt
abgestimmt zu sein, dass es einer
Multiversum-Theorie bedarf, um diesen
Umstand zu erklären!"

455.

„Im Vergleich zu einer "echten (analogen)
Welt" ist eine simulierte Welt in jedweder
Hinsicht sinnvoller und effektiver!"

456.

„Jedes etwas leitet seine Wertigkeit
letztendlich von Bits her (von binären ja /
Nein Angaben)!"

457.

„Wenn doch laut der String-Theorie alle
Partikel aus Strings zusammengesetzt sind,
warum definieren wir dann die
"unterschiedlichen" Arten an Materie nicht
über die Frequenz, mit der ein String
jeweils schwingt, anhand von einzelner
Zahlen?"

458.

„Alles, was wir von unserer Umwelt
erfahren sind letztendlich durch unsere
Sinne übermittelte und unseren Verstand
frei interpretierte Gesetzmäßigkeiten.

Das Verhältnis zwischen dem tatsächlichen
materiellem Stoff der Materie und dem
Raum, den er benötigt, tendiert mit dem
immer fortschreitenden Wissen tendenziell
immer weiter Richtung Null!"

459.
„Daten und Gesetzmäßigkeiten leiten sich
nicht unbedingt zwingend aus der "Realität"
ab, sondern erschaffen sie vielmehr!"

460.
„Die Berechnungsmechanismen eines
digitalen Computers unterscheiden sich im
Wesentlichen nicht von der
Quantenmechanik, bei beiden gibt es eine
Reihe an Zuständen und nichts geschieht
oder existiert außerhalb dieser Zustände."

461.
„Es ist der Vorgang des bewussten
Beobachtens, welcher die Realität darstellt
und verändert!"

462.

*„Eine für das Subjekt, objektiv erscheinende
Darstellung seiner Umgebung ist nicht
möglich!"*

463.

*„Es wäre bei einer Simulation wohl weniger
sinnvoll die Bereiche des Raumes, welche
gerade nicht von einem bewussten Wesen
wahrgenommen werden, dennoch
darzustellen, der Aufwand an Ressourcen
wäre viel zu verschwenderisch für so ein
Unterfangen! Effektiver wäre es daher, die
Simulation dynamisch und nur nach Bedarf
zu erzeugen. (Sie existiert nur dort, wo sie
gerade aufgrund einer Interaktion eines
Subjekts existieren muss!)"*

464.

*„Realität ist organisierte und
wahrgenommene Information!"*

465.

„Das Genie geht glatt durch Wände,
doch stößt sich an der Luft."

466.

„Wir sind Gottes Experiment, was
geschieht, wenn man in einen perfekten
natürlichen Kreislauf eine Spezies setzt, die
geistig allen anderen überlegen ist. Das
Experiment ist im vollen Gange!"

467.

„Würden auf der Stelle alle Sterne aufhören
zu funkeln, ja, da läge das Universum im
Dunkeln, doch das entscheidende bin
immer nur Ich, denn ohne mich, gäbe es da
nur das Nichts."

468.

„Wer sich selbst erniedrigt,
will lediglich erhöht werden!"

469.

„Vorurteile beruhen oftmals auf
allzu einseitigen Erfahrungen!"

470.

„Das Leid in der Welt bringt mich zum
Verzweifeln. Ach wie schön muss es sein
einfach darauf zu scheissen? Doch, wo viel
Unrecht herrscht, da herrscht auch viel
Leid. Zumindest für den Menschen, der
diesen Wahnsinn begreift."

471.

„Eine Gesellschaft, die ihren Schwerpunkt
auf die Außenwelt richtet, bringt Menschen
hervor, welche marionettengleich, einer für
sie künstlich erschaffenen Welt, gehörig
sind. Sie handeln in dem Glauben frei zu
sein und glauben ihrem eigenen Willen
folgen zu können, dabei sind sie alle in
einer großen Seifenblase gefangen, welche
nur die Erkenntnis zu durchdringen
vermag."

472.

„Eine einzige Ordnung ist nichts im Vergleich zu den unendlichen Möglichkeiten, welche in der Unordnung entstehen können. Aus diesem Grunde wurde das ursprünglich Eine zum Vielen und bleibt dennoch weiterhin das Eine."

473.

„Arbeit lohnt nur dann, wenn diese im Gegensatz zu der Entlohnung selbst kaum vorhanden ist."

474.

„Alles Vergangene, nun Existierende und jemals Seiende, ist stets das Eine und Gleiche."

475.

„Die Gedanken sind frei, wer kann sie erraten? Sie rauschen vorbei, wie nächtliche Schatten. Kein Mensch kann sie wissen, kein Jäger sie schießen. Es bleibet dabei, Die Gedanken sind frei!"

476.

„Da der Wille reine Dynamik ist, kommt er
nie zur Ruhe, er strebt ständig nach
Selbsterhaltung und Fortpflanzung.
Um diese Ziele zu erreichen, äußert er sich
im Menschen als Bewusstsein und
Vernunft, die dem Willen jedoch immer
dienbar bleiben. Der Mensch begehrt etwas,
also nicht deswegen, weil es vernünftig ist,
sondern er nennt es vernünftig,
weil er es begehrt!"

477.

„Seine Bedürftigkeit hat für den Menschen
höchst unerfreuliche Folgen. Ständig strebt
er irgendwelche Ziele an und ist
unzufrieden, solange er sie nicht erreicht
hat. Erreicht er sie aber, bessert sich die
Situation keineswegs.

Die Freude über den Erfolg schwächt sich
schnell ab, ein quälendes Gefühl der Leere
und Langeweile kommt auf. Das Leben
pendelt also ständig zwischen dem Schmerz

der Unerfülltheit und der sich nach der Erfüllung einstellenden Abstumpfung – wir sind immer entweder frustriert oder gelangweilt."

478.

„Durch Experimente kann man belegen, dass es feste Materie nicht gibt, sondern dass unsere Realität nichts anderes als eine energetische Ladung im Schwebezustand ist. Diese Energie wird erst in den Moment zu festen Strukturen, wenn ein Beobachter sie wahrnimmt. Also ist der Geist des Betrachters der Schöpfer seiner erkennbaren Welt!"

479.

„Wenn Gott uns nach seinem Abbild geschaffen hat, kann er nicht Vollkommen sein, denn der Mensch hat viel mehr Verlangen und Begierden als es eine Pflanze oder ein Tier jemals haben wird, deshalb hat er, wenn überhaupt, eben diese erschaffen, aber ganz sicher nicht uns."

480.

„Aus der Absicht entspringt die Tat.
Aus der Tat entspringt die Gewohnheit.
Aus der Gewohnheit der Charakter.
Aus dem Charakter das Schicksal.
Wer also mit seinem Leben unzufrieden ist,
muss zu allererst seine Absichten ändern!"

481.

„Der größte Feind ist die
Unwissenheit über sich selbst!"

482.

„Kontrolliere die Informationen, die ein
Volk erhält, so kannst du das Denken eines
ganzen Volkes kontrollieren.
Merken tun dies nur wenige und diese
wenigen kommen gegen diese Mehrheit
nicht an!"

483.

„Wenn die Illusion des Getrenntseins sich
auflöst, sehen wir die Einheit hinter all den
Rollen und Dramen des Daseins.

Wir erkennen den universellen Tanz des Lebens, jedes Sein, was dieses Spiel spielt, ist nichts und dennoch alles zugleich. Wer immer noch denkt man selbst Gott und alles andere in diesem Universum seien verschiedene Dinge, der muss noch weiter spielen bis die Wahrheit endlich erkannt wurde.

Die meisten werden wohl ewig spielen!"

484.

„Für Handlungen braucht man einen Willen. Dieser Wille braucht für Handlungen gewisse Motive.

Objekte verursachen Motive und dadurch Handlungen. Welche Motive also Handlungen durch Objekte hervorgerufen werden, kann nur durch ein Ich erlebt werden. Niemand kann die Kausalität von Motiv und Handlung bewusst kontrollieren."

485.

„Der Mensch kann tun was er will,
jedoch nicht entscheiden was er will!"

486.

„Solange nicht jedes Lebewesen vom Leiden
in der Welt befreit ist, kann der Sinn des
Lebens nicht das Gegenteil von eben diesem
Leiden sein."

487.

„Erfahrung ist nur der Name den wir
unseren Irrtümern verleihen."

488.

„Die Befriedigung eines Wollens
ist der Zustand vor dem wollen!"

489.

„Leben heißt wollen.
Wollen ist Mangel.
Nicht erfüllbares Wollen bringt
Unzufriedenheit.
Unzufriedenheit bringt Leiden.

Erfüllung alles Wollens bringt Langeweile.
Leben verneinen heißt nichts zu wollen.
Ohne Wollen kein Mangel.
Kein Mangel, keine Unzufriedenheit.
Ohne Unzufriedenheit, kein Leiden.
Von Beginn an ohne Wollen auszukommen
bedeutet, sich nicht zu Langeweilen."

490.

Universum

„Georges Edouard Lemaître sowie Edwin
Powell Hubble entdeckten in dem Zeitraum
von 1927–1929 die Expansion des
Universums."

491.

„Fremde Galaxien entfernen
sich von unserer Galaxie."

492.

„Der Ausdehnungsprozess des Universums
beschleunigt sich. Ursache ist die dunkle
Energie."

493.
„Der Urknall ereignete sich ca.
vor 13,8 Milliarden Jahren.“

494.
„Das gesamte Universum war vor dem
Urknall auf einen Stecknadelkopf großen
Punkt verdichtet, welcher aus Energie
bestand.“

495.
„Temperatur und Dichte müssen vor dem
Urknall unendlich groß gewesen sein.“

496.
„Alles, was unser heutiges Universum
beinhaltet, war vor dem Urknall schon auf
einem konzentrierten Punkt vorhanden.“

497.
„Wenn vor dem Urknall alles eins war, ist
dann nicht auch jetzt noch alles ein und
dasselbe?“

498.

„Alles, was vor dem Urknall eins war,
erscheint nun in den unterschiedlichsten
Erscheinungsformen."

499.

„Es kann nicht nichts geben, denn aus dem
Nichts wird niemals etwas entstehen
können."

500.

„Da wo einmal etwas ist, wird niemals
mehr nichts sein können."

501.

„Erst ab einer ungefähren Höhe von 80 bis
100 Kilometern von der Erdoberfläche aus
gemessen, sprechen wir vom Universum."

502.

„Die Sonne ist ca. 8 Lichtminuten
von der Erde entfernt."

503.

„Der Mond ist ca. 360.000 km bis ca. 400.000 km von der Erde entfernt, was etwas mehr als einer Lichtsekunde endspricht."

504.

„Lichtgeschwindigkeit bedeutet, dass Licht innerhalb von einer Sekunde eine Distanz von 300.000 km überwinden kann."

505.

„Entfernungen im Universum werden immer in Lichtsekunden, Lichtminuten, Lichtstunde, sowie Lichtjahre berechnet. Wenn Wissenschaftler ein Objekt im Universum betrachten, welches z.B. ca. eine Milliarden Lichtjahre von uns entfernt ist, sehen wir dieses Objekt nicht so wie es zu diesem Zeitpunkt ausgesehen hat, sondern so wie es vor einer Milliarde Jahren aussah!"

506.

„Hauptbestandteile unserer Sonne sind:
Wasserstoff, Helium, Sauerstoff,
Kohlenstoff, Neon, sowie Stickstoff!"

507.

„Unsere Sonne übertrifft ca. die 700-fache
Masse aller Planeten zusammen und die
330.000-fache Masse unseres
Heimatplaneten!"

508.

„Das Alter unserer Sonne wird auf ca. 4,5
Milliarden Jahre geschätzt, ungefähr zur
selben Zeit ist auch der Planet Erde
entstanden!"

509.

„Wissenschaftler vermuten, dass die Erde
noch etwa 500 Millionen Jahre lang,
ähnlich wie heute, bewohnbar sein wird!"

510.

„In ca. 7 Milliarden Jahren wird sich unser Heimatstern die Sonne als sogenannter roter Riese bis an die heutige Erdbahn ausbreiten und unseren Planeten unbewohnbar machen!"

511.

„Die ersten Sterne bildeten sich bereits ca. 300 bis 400 Millionen Jahre nach dem Urknall."

512.

„Unser Sonnensystem beinhaltet, abgesehen von unserem eigenen Planeten, noch 7 weitere Planeten, die da wären: Merkur, Venus, Mars, Jupiter, Saturn, Uranus, Neptun."

(Pluto zählt seit dem 24. August 2006 nicht mehr zu ihnen, weil er von der Internationalen astronomischen Union zu der Klasse der Zwergplaneten eingestuft wurde!)

513.

„Die Milchstraße gehört mit zu den größten der bekannten Galaxien und besitzt schätzungsweise 300 Milliarden Sterne!"

514.

„Wissenschaftler gehen davon aus, dass jeder zweite Stern Planeten um sich herum hat, was bedeuten würde, dass es in unserer Galaxie mindestens 150 Milliarden Planeten gibt!"

515.

„Es wird vermutet, dass ca. jeder 200. Planet in einer Zone liegt, die das Entstehen von Leben ermöglichen könnte!"

516.

„Das Weltraumteleskop Kepler, welches speziell für die Suche nach Planeten entwickelt wurde, registrierte bis jetzt ca. 2700 Planeten-Kandidaten, von denen ca. 54 in einer Zone liegen, in der Leben möglich wäre.
Erdähnlich waren von ihnen ca. 350!"

517.

„Unsere Galaxie hat einen Durchmesser von ca. 100.000 Lichtjahren. Es würde also selbst mit Lichtgeschwindigkeit noch 100.000 Jahre dauern, um von einem Ende unserer Galaxie zur anderen zu gelangen!"

518.

„Schätzungsweise gibt es 100 Milliarden Galaxien mit jeweils ca. 100 Milliarden bis ca. 300 Milliarden eigenen Sternen, von denen gut jede Zweite mindestens einen Planeten hat!"

519.

„Es wird vermutet, dass sich im Zentrum einer jeden Galaxie ein schwarzes Loch befindet!"

520.

„Viele Bestandteile des Universums können von uns nicht wahrgenommen werden, nur ca. 4% des Universums erscheinen für uns sichtbar, die restlichen 96% bestehen aus

jeweils 23% dunkler Materie, sowie 73%
aus dunkler Energie!"

521.
**„Durch die dunkle Energie erfolgt eine
stetige Expansion des Universums!"**

522.
*„Der dunklen Materie wird eine wichtige
Rolle bei der Strukturbildung im Universum
und bei der Galaxienbildung
zugeschrieben, da die Gravitation der
sichtbaren Materie im Universum nicht
ausreichen würde, um die einzelnen
Galaxien zusammen zu halten!"*

523.
**„Alles was Sie mit ihren Augen
wahrnehmen und als außerhalb von sich
erleben, findet zu jedem Zeitpunkt
ausschließlich nur in Ihrem Kopf statt!"**

524.

„Alle Objekte, die Sie betrachten, sind in Wirklichkeit nicht so wie sie Ihnen erscheinen, sondern sie erscheinen Ihnen so, wie es für Sie als Menschen möglich ist sie zu erkennen!"

525.

„Wie ein Objekt dargestellt wird, hängt zunächst davon ab, auf welche Weise die jeweiligen Augen funktionieren. Ihr Aufbau, deren Funktionsweise, sowie die Interpretation des Gehirns ist das entscheidende Kriterium hierbei!"

526.

„Um überhaupt Objekte wahrnehmen zu können, wird zunächst einmal eine Lichtquelle benötigt, beispielsweise die Sonne oder eine Kerze/Glühbirne. Denn erst dadurch, dass ein Lichtstrahl von dem jeweils angeschauten Objekt reflektiert wird und so auf diesem Wege auf Ihre Augen trifft, kann das Gehirn

Informationen über die Außenwelt erhalten
und verarbeiten!"

527.

„Die so aufgenommenen Informationen werden stets in Form von elektrischen Signalen an das Sehzentrum des Gehirns weitergeleitet, wo sie interpretiert und schließlich in eine für Sie wahrnehmbare Realität umgewandelt werden!"

528.

„Dadurch, dass der Verarbeitungsprozess eine gewisse Zeit in Anspruch nimmt, erleben wir nie ein Livebild der Außenwelt, sondern immer eine leicht verzögerte Version!"

529.

„Alles, was Sie mit Ihren Ohren hören und als außerhalb von sich empfinden, existiert ausschließlich nur in Ihrem Kopf!"

530.

„Alle Geräusche, die Sie wahrnehmen, klingen in Wirklichkeit nicht so wie es Ihnen vorkommt, sondern Sie hören die Geräusche so, wie es für Sie als Menschen möglich ist sie zu hören!"

531.

„Wie sich ein Geräusch anhört hängt davon ab, auf welche Weise das jeweilige Ohrenpaar funktioniert, ihr Aufbau deren Funktionsweise, sowie die Interpretation des Gehirns ist das Entscheidende hierbei!"

532.

„Um überhaupt Geräusche wahrnehmen zu können wird zunächst eine Schallquelle benötigt, denn erst dadurch, dass eine Schallwelle in Ihre Ohren gelangt, kann das Gehirn Informationen über die Außenwelt erhalten!"

533.
„Diese so aufgenommenen
Informationen werden stets in Form
von „elektrischen Signalen" an das
„Hörzentrum" des Gehirns
weitergeleitet, wo sie
„interpretiert" und schließlich in ein für
Sie wahrnehmbares Geräusch
umgewandelt werden!"

534.
„Dadurch, dass der
Verarbeitungsprozess eine gewisse Zeit
in Anspruch nimmt, erleben wir nie
eine Liveversion des Geräusches,
sondern stets eine leicht verzögerte
Variante!"

535.
(Riechen)
„Alles was Sie mit ihrer Nase als Geruch
wahrnehmen und als etwas außerhalb
von sich empfinden, findet nur in
ihrem Kopf statt."

536.

„Alle Gerüche, die Sie wahrnehmen
sind in Wirklichkeit nicht so, wie sie
Ihnen vorkommen, sondern Sie
erkennen sie so, wie es für Sie als
Mensch möglich ist sie zu erkennen!"

537.

„Wie ein Geruch wahrgenommen wird
hängt zunächst einmal davon ab, auf
welche Art und Weise die jeweilige
Nase funktioniert.
Ihr Aufbau, deren Funktionsweise,
sowie die Interpretation des Gehirns
sind das Entscheidende hierbei!"

538.

„Um überhaupt einen Geruch
wahrnehmen zu können, werden
Duftmoleküle benötigt, die von den
jeweiligen Objekten abgesondert
werden!"

539.

„Erst dadurch, dass Duftmoleküle in Ihre Nase gelangen, kann das Gehirn Informationen über die Außenwelt erhalten!"

540.

„Die so aufgenommenen Informationen werden stets in Form von „elektrischen Signalen" an das „Riechhirn" weitergeleitet, wo sie „interpretiert" und schließlich in einen für Sie wahrnehmbaren Geruch umgewandelt werden!"

541.

„Dadurch, dass der Verarbeitungsprozess eine gewisse Zeit in Anspruch nimmt, nehmen wir den Geruch immer mit einer leichten Verzögerung wahr!"

542.

„Alles, was Sie mit Ihrer Zunge, in Zusammenarbeit mit der Nase, schmecken und irrtümlicherweise der jeweiligen Speise zuordnen, existiert ausschließlich in Ihrem Kopf!"

543.

„Jegliches Getränk oder Nahrungsmittel, welches Sie zu sich nehmen, schmeckt in Wirklichkeit nicht so, wie es Ihnen vorkommt, sondern Sie erleben den jeweiligen Geschmackseindruck so, wie es für Sie als Mensch möglich ist ihn zu erleben."

544.

„Wie Ihnen etwas schmeckt hängt davon ab, auf welche Weise der Geruchssinn, sowie die Geschmacksknospen der Zunge, aufgebaut sind und als solche funktionieren!"

545.

„Es ist die Verbindung zwischen Zunge und Nase, welche die jeweiligen Informationen in Form von elektrischen Signalen an das Gehirn weiterleiten, wo sie im Prozess des Schmeckens zunächst im „Thalamus des Zwischenhirns" zusammengefasst und anschließend in der „Großhirnrinde" interpretiert werden. Erst dort entsteht letztendlich der Geschmack, welcher vom jeweiligen Lebewesen wahrgenommen wird!"

546.

„Alles, was Sie mit ihrer Haut fühlen und empfinden, entsteht zu jedem Zeitpunkt nur in Ihrem Kopf!"

547.

„Alles, was Sie erfühlen, z.B. die Rinde eines Baumes, oder Empfindungen, wie Kälte und Wärme, sind in Wahrheit nicht so, wie Sie es erleben, sondern Sie

erleben es so, wie es für Sie als Mensch
möglich ist es zu erleben!"

548.

„Wie sich etwas anfühlt hängt davon
ab, auf welche Weise die jeweilige Haut
des Lebewesens aufgebaut ist, sowie
deren Funktionsweise!"

549.

„Durch die Haut aufgenommene
„Informationen" werden stets in Form
von „elektrischen Signalen" an das
Gehirn weitergeleitet, wo sie
„interpretiert" und schließlich in eine
für Sie wahrnehmbare Realität
umgewandelt werden!"

550.

„Dadurch, dass der
Verarbeitungsprozess eine gewisse Zeit
in Anspruch nimmt, erleben wir nie
eine Liveversion der jeweiligen

Empfindung, sondern immer eine leicht
verzögerte Variante!"

551.
*„Die Welt, so wie Sie und ich sie
gewohnt sind, kann nur bestehen,
solange ein Subjekt, in unserem Fall der
Mensch, da ist, um sie als solches
wahrzunehmen!"*

552.
*„Ohne Subjekt kann es auch
kein Objekt geben!"*

553.
*„Wie ein Objekt einem Subjekt
erscheint, hängt davon ab, auf welche
Art und Weise das jeweilige Subjekt die
Objekte wahrnehmen kann!"*

554.
*„Das Subjekt Mensch", sowie alle
anderen Lebewesen auf der Erde,
nehmen ihre Umgebung anhand ihrer*

„Werkzeuge der Erkenntnis" in
Verbindung mit dem jeweiligen Gehirn
wahr!"

555.

„Wie die Objekte „unabhängig" von
einer Wahrnehmung durch das
wahrnehmende Subjekt beschaffen
sind, kann nicht objektiv festgestellt
werden!"

556.

„Der menschliche Körper ist nur ein
weiteres Objekt unter anderen
Objekten und daher auch „den
Gesetzen der Vorstellung" unterlegen!"

557.

„Dadurch, dass der Mensch „Subjekt
und Objekt zugleich" ist, kann er die
„innerste Beschaffenheit" von sich
selbst und somit auch allen anderen
Objekten erfahren!"

558.

„Um das „innerste Treiben" eines jeden Seins erkennen zu können, muss man sein eigenes „inneres Wesen" erkannt haben!"

559.

„Die erkennbare Welt ist und bleibt zu jederzeit nicht mehr als eine bloße, geistige Vorstellung eines Subjekts!"

560.

„Erst durch den Vorgang der „Beobachtung" eines Subjekts fängt die Welt, wie wir sie erkennen, in Form von „neuronaler Aktivitäten" im Gehirn an sich darzustellen!"

561.

„Es kann nicht nichts geben, denn aus nichts wird niemals etwas entstehen können!"

562.

„Wie bei einem Samen, der schon alles beinhaltet, um einem Baum entstehen zu lassen, war auch vor dem Urknall schon alles vorhanden, um das entstehen lassen zu können, was im Nachhinein auch entstanden ist und noch entstehen wird. Das Material, was vor dem Urknall auf einem Punkt verdichtet war und von uns Menschen als Energie definiert wurde, ist das Selbige, aus dem auch jetzt noch alles besteht.“

563.

„Nur in der Welt der Vorstellung eines erkennenden Subjekts existieren Verschiedenheiten und das Gefühl von Getrenntheit. In Wirklichkeit besteht alles aus demselben Urstoff, welcher vor dem Urknall schon vorhanden war und nie mehr oder weniger geworden sein kann!“

564.

„Der Wille ist etwas völlig ursprüngliches,
etwas nie entstandenes, eine schon immer
da gewesene Kraft, die niemals entsteht
oder vergeht."

565.

„Der Wille ist ein Wille zur Existenz.
Das aus sich selbst heraus entstehende
ewige Sein!"

566.

„Die Welt ist die Darstellung einer Macht,
welche abgesehen von ihrer Existenz, nicht
weiß, was sie denn überhaupt will!"

567.

„Die Welt ist die Objektivation des Willens."

568.

„Die Welt der Vorstellung ist die
Erkenntnis des Willens seiner selbst."

569.

„Auch der eigene Körper, sowie alle anderen Objekte, sind nur die sichtbare Objektivation des einen Willens."

570.

„Die Welt ist ein „blinder Wille", welcher nur „sich selbst" und „sein Wohl" begehrt."

571.

„Alles führt auf einen „Ur- oder Grundwollen" zurück, welcher sich aus sich selbst heraus erschafft und der Grund allen seins darstellt!"

572.

„In der letzten Instanz gibt es kein anderes Sein als „wollen", eben „ein Wille zum Dasein"."

573.

„Die Welt besteht aus der „Selbstobjektivierung" des absoluten. Es „wandelt" sich selbst in „Formen" um,

damit es sich „objektivieren" und somit
„darstellen" und „erfahren" kann.
„Alle, die Gott suchen und sich nach ihm
sehnen, sind in Wirklichkeit nichts anderes
als eben dieser!"

574.

„Der Wille muss als eine „Kraft" verstanden
werden, welche schon immer vorhanden
war und weder „erschaffen", noch
„zerstört" werden kann!"

575.

„Diese Kraft ist es, welche auch „Gott",
„Energie", „Universum" oder sonstiges
genannt wird!"

576.

„Diese Kraft ist es auch, welcher man die
Schuld zusprechen könnte, dass es
überhaupt etwas gibt und nicht viel mehr
nichts."

577.

„Sie ist das, was schon immer da war", das eine „Unerschaffene", das was viele für ihren „Gott" halten!"

578.

„Durch das Auflösen seiner vollkommenden Einheit ist eine Welt der Mannigfaltigkeit entstanden, in welcher Wille und Vorstellung herrschen!"

579.

„Gott spielt dieses Versteckspiel mit sich selbst, allerdings so gut, dass er seine eigene Einheit und Vollkommenheit nicht mehr erfassen kann!"

580.

„Das Vollkommende geteilt in den unterschiedlichsten Erscheinungsformen versucht deshalb auch stets in den Zustand von Harmonie und Vervollkommnung zurückzukehren!"

581.

„Alles strebt zurück nach eben diesem Zustand der Harmonie. Solange jedoch die eigentliche Einheit von den einzelnen Erscheinungen Gottes nicht erkannt wird, können immer nur sehr wenige, meist auf Kosten der anderen, diesen Zustand erreichen und dies zudem in der Regel nur für kurzfristige Zeiträume!"

582.

„Fast jeder Mensch macht sich selbst zum Mittelpunkt der Welt." Das eigene Leben oder 1 Millionen Menschen zu opfern, wäre wohl für die meisten keine schwierige Entscheidung."

583.

„Als „Subjekt des Wollens" ist der Mensch ein elendes, verfluchtes Wesen, denn „alles Leiden besteht in dem Drang zu wollen!"

584.

„Der Wille ist nur an dem Erhalt, sowie der Selbstzufriedenheit seiner Erscheinungen interessiert!"

585.

„Der höchste Drang des Willens ist die eigene Entfaltung und Zufriedenheit."

586.

„Jeder strebt nach eigener Zufriedenheit, doch die Begierden des Willens sind grenzenlos und seine Forderungen unerschöpflich."

587.

„Nach jeder Gier, die befriedigt wurde, erwacht nach kurzer Dauer eine neue. Nichts auf dieser Welt könnte den Willen endgültig zufriedenstellen. Allein die wahre Erkenntnis über sich selbst kann ihn aus diesem Wahn befreien."

588.

„Der Wille erkennt nicht weil er existiert, sondern weil er sich selbst in seinen erkennenden Manifestationen betrachten kann, deshalb existiert er!"

589.

„Da der Wille in seiner Art nicht nur einen „schöpferischen", sondern auch durch die Täuschung seiner selbst einen „zerstörerischen Charakter" hat, nimmt er selbst einen Kampf seiner eigenen Erscheinungen in Kauf, obwohl er letztendlich immer nur sich selbst damit schadet!"

590.

„Der von der Welt zurückgezogene, von Affekten befreite Mensch, der im stillen und in Ruhe sein Leben führt, der Mensch, der nichts mehr begehrt, hat eine Wandlung vollbracht, durch die er sich in allem Vorhandenen selbst erkennt. Für ihn ist alles Seiende ein Ganzes geworden und als

Wesen in dieser Welt erkennt er sich selbst nicht nur mehr als ein Teil von dieser, sondern er erkennt in sich diese ganze Welt im vollen Umfang. Derjenige mit der höheren Erkenntnis ist Eins mit allem geworden."

591.

„Unrecht zu erleiden ist weniger schlimm als selbst Unrechtes zu tun!"

592.

„Der Sinn der Welt ist logisch erkennbar, ein reiner Drang zum Dasein und daher auch für jeden Menschen klar erkennbar. Wenn der Mensch jedoch die falschen Schlüsse aus dem Erkennbaren zieht, denkt er an den logischen Gründen des Seienden vorbei. Der natürliche Trieb des Menschen „zu wollen" ist der Zwang des Willens und kann nur von uns Menschen zu einem maßvollen und kontrollierbaren Willen gezügelt werden. Übermaß, aber auch Mangel, zerstören die Eigenschaften

der höheren Erkenntnis, das richtige
Verhältnis stellt allein die Mitte dar, weder
das absolute Zulassen der Leidenschaften,
noch die völlige Leidenschaftslosigkeit
bringen einen auf den richtigen Weg."

593.

„Die eventuell auftretenden Gedanken,
„was nützt mir das alles?", „wozu kann ich
denn sowas gebrauchen?", werden
vollkommen sinnlos erscheinen, wenn die
höhere Erkenntnis erst einmal völlig
verstanden wurde, denn dann wird man
selbst bemerken wie unpassend es ist, in
diesem Fall einen Nutzen zu suchen."

594.

„Das wichtigste ist, dass man mit sich selbst
und seiner Umgebung in Einklang kommt
und in Harmonie und Frieden mit allem
zusammen leben kann."

595.

„Die individuellen Sinneseindrücke sind maßgebend dafür, wie uns die Welt erscheint. Die absolute Realität kann es für niemanden geben, sondern nur die Relative. Für den einen kommt der Wind kalt vor, für den anderen nicht, denn Kälte empfindet nur derjenige, der auch friert. Was einem Gesunden lecker erscheint, kann für den Kranken geschmacklos wirken. Die Dinge der Welt sind stets neutraler Natur, erst im Bezug zu einem erkennenden Wesen (Subjekt), entwickeln sich die individuellen Eigenschaften der Welt."

596.

„Der Mensch ist die manifestierte Erscheinung des Willens, welcher sich über sein eigenes Dasein wundern kann. Der Mensch allein kann sich aus der Außen- sowie Innenperspektive betrachten und sich dadurch zum Geschöpf des Fragens und Nachdenkens machen."

597.

*„Seine Verwunderung über sich selbst,
erreicht den Höhepunkt, als der Wille
seinen eigenen irgendwann eintreffenden
Tod erkennt."*

598.

*„Die Höflichkeit ist das, was die Wärme
dem Wachs, zudem ist sie das einfachste
Geschenk, welches man jedem erbringen
kann."*

599.

*„Dort drüben ist einer so wie du es bist,
auch in ihm denkt und fühlt es, auch dort
ist ein Ich, dem Deinen gleicht ein Zweites.
Nur das Gefühl des Getrennt sein von dem
anderen sorgt für den falschen Eindruck.
Alles was ist, war und jemals sein wird, bist
stets auch du."*

600.

*„Der Urgrund alles Seiende ist ein erstes
Seiendes, ein immerwährender Anfang aus*

dem alles wird, es selbst ist niemals
entstanden, war folglich schon immer
vorhanden. Eine einzige Kraft, welche sich
aus sich selbst heraus erschafft.
Der Weise erkennt die Welt in sich selbst
und handelt auch dementsprechend."

601.

„Die Welt ist Wille, die Erscheinung einer
in allem seiende existierende Kraft. Eine
irrationale ursprüngliche Energie, die sich
in unserer Erkenntnis in Form von
unendlichen Gestalten zeigt. Und deren
einziger Sinn es ist überhaupt zu sein!"

602.

„Durch den Menschen kommt
der Wille zur Selbsterkenntnis."

603.

„Der Mensch allein kann, wenn er sein
eigenes Wesen erkannt hat, sich auch
gegen den Willen und somit gegen sich
selbst richten. Wir sind die

Manifestationen, welche auch nein sagen
können!"

604.
„Der Tod kann nur ein Scherz sein, sonst
würde der Wille nicht so sorglos mit seinen
Erscheinungen umgehen, denn gewiss ist
das alles Seiende nach dem Tode in seine
Einheit zurückkehrt, dort wo nichts
verloren gehen kann."

605.
„Allein der Mensch kann sich auf Erden
über sein eigenes Dasein wundern, für alle
anderen Erscheinungen ist diese Tatsache
so selbstverständlich, dass sie sich nicht
darüber wundern brauchen. In den Blicken
der Tiere und dem stillen Ruhen der
Pflanzen erkennt man die
Selbstverständlichkeit des Daseins des
Willens, weil er in ihnen noch nicht seine
ganze Kraft erreicht hat, kann er sich noch
nicht selbst durch diese erkennen. Folglich
auch nicht wundern!"

606.

„Reichtum gleicht dem Salzwasser, je mehr
man davon kostet, umso durstiger wird
man dadurch!"

607.

„Das Lob ist für den Menschen so schön,
wie für den Hund die Streicheleinheit!"

608.

„Jegliche Arten von Handlungsgründen
bestimmen unseren Alltag, wir haben z.B.
Hunger, sehen einen Birnenbaum, greifen
hinauf und pflücken uns welche, um den
Hunger zu stillen. Doch dies hat nichts mit
Freiheit des eigenen Willens zu tun. Leben
bedeutet erleben und das was erlebt, ist das
Bewusstsein des Willens."

609.

„Auflösung des Willens bedeutet Erlösung
von Verlangen und Begierden und dies
bedeutet Freiheit vom Leiden!"

610.

„Alle erkennenden Wesen sind durch ihr Gehirn und dem damit gekoppelten Bewusstsein des Willens ein Spiegel für diesen geworden."

611.

„Nur durch den Sieg über das Ich und das Ablegen aller Eigensucht, kann das Stadium erreicht werden, in welchem man alles zugleich wird!"

612.

„Nur durch das radikale Durchbrechen des Ich-Wahns und die Erkenntnis, wie unwichtig der Gedanke von Ich und Mein sind, kann der Mensch sein wahres Wesen erkennen!"

613.

„Manifestationen entstehen und vergehen, Seiendes muss vergehen, um zurück zur Einheit zu gelangen, aus ihr heraus wird das Neue dann entstehen!"

614.

„Jedes Leiden, welches ich von mir auf andere schiebe, wird genau dadurch vergrößert. Aus diesem Grund entsteht die große Masse des Übels auf dieser Welt, welches allein durch das egoistische Weiterschieben auf andere vermehrt wurde. Nur durch das freiwillige Aufladen der eigenen Übel kann diese verringert werden.“

615.

„Vergangenheit und Zukunft sind nur von geringem belangen, allein das ewige Jetzt hat Bedeutung. Denn in der Zeit ist nur sie relevant, da ich nur in ihr real bin und existiere. Die höhere Erkenntnis ermöglicht es außerhalb der Zeit zu denken und das jetzige zu fokussieren.“

616.

„Ein erkennendes Wesen ist mehr, als nur reines Erkennen, weil zu dem Erkennen noch das Wollen hinzukommt. Dass es

überhaupt will, erkennt jeder selbst
unmittelbar in der eigenen Verkörperung."

617.

*„Wer erkannt hat, was er selbst außer
erkennen ist, hat auch begriffen, was der
Wille ist."*

618.

*„Der Wille ist ein einziges Wesen in allen
Wesen und diese wiederum sind nichts
anderes, als die sichtbare Verkörperung
dieses einen Wesens."*

619.

*„Durch die stets anwachsenden,
mannigfaltigen Erscheinungen des Willens
wird der Tumult der Geschöpfe so groß,
dass dessen Erscheinungen anfangen sich
gegenseitig bei ihrer Existenz zu stören!"*

620.

*„Der Wille hat sich durch seine
Manifestation zu einem Objekt gemacht,*

dadurch, dass ein Objekt jedoch stets nur durch die Vorstellung eines Subjekts sein kann, hat er sich selbst zu seiner eigenen Vorstellung gemacht. Er ist sich selbst sichtbar geworden, in Form der unterschiedlichsten Vorstellungen seiner selbst."

621.

„Der Wille als Ding an sich, ist der Wille solange er keinerlei Objektivität angenommen hat. Unabhängig jeglicher Vorstellung, deshalb kann dieser auch von keinem erkennenden Wesen erkannt werden, höchstens in Form des eigenen inneren Wesens (Erkenne dich selbst)."

622.

„Geburt und Tod betreffen allein die Erscheinungen des Willens, diesen selbst jedoch nicht!"

623.

„Der Wille ist so frei, dass er sich gegen sich selbst wenden kann, doch nur dann, wenn er sich auch in einer seiner Verkörperungen selbst erkannt und durchschaut hat."

624.

„Die Bejahung des eigenen Lebens beinhaltet schon das Potential zur Verneinung des Lebens der anderen, meistens dadurch, weil für das eigene Wohlsein, das Dasein der anderen missbraucht werden muss."

625.

„Aus Knete und Gold kann man vielerlei unterschiedlich aussehender Objekte erschaffen, doch der Ursprung dieser Dinge bleibt dennoch stets Gold oder Knete. Genauso verhält sich dies auch mit den Erscheinungen des Willens."

626.

„Der Blick auf das Universum gleicht einem unpolierten Spiegel. Erst durch das Erscheinen des Menschen konnte dieser Spiegel zumindest etwas klarer werden und dadurch mehr wiederspiegeln, dennoch bleibt auch dieses Spiegelbild stets nur eine Vorstellung. Erst, wenn der Mensch die höhere Erkenntnis erreicht hat, wird dieser Spiegel fast vollkommen klar und alles wird deutlich als vollkommene Einheit erkannt."

627.

„Ohne die höhere Erkenntnis wird es einem nur ermöglicht, alle existierenden Dinge als Objekte zu betrachten, deren Nutzen es zu erkennen gilt. Durch die höhere Erkenntnis wird die Einheit aller Dinge erkannt und der Gedanke, wie man diese zum eigenen Zweck nutzen könnte, erübrigt sich. In den Momenten, wo wir etwas genießen, ohne es gleich besitzen oder beherrschen zu wollen, hat ein jeder von uns schon

einmal für kurze Momente die höhere
Erkenntnis in sich selbst gespürt."

628.
„In der Moral sticht allein die höhere
Erkenntnis hervor, welche über jede
Vernunft liegt. Eine Eigenschaft der
Heiligen und wie wahre Erlösung über die
Welt bringt."

629.
„Der Weg zur höheren Erkenntnis ist der
schwierigste und einfachste von allen
zugleich, um diesen zu erreichen muss man
es lediglich wollen und genau da liegt bei
den meisten die Schwierigkeit."

630.
„Wir Menschen bewundern die
Naturphänomene auf Erden und die Sterne
im unendlichen Kosmos, doch unsere
eigene Existenz empfinden die meisten als
normal und wundern sich nicht über diese.
Wir müssen anfangen über uns selbst

nachzudenken und unser Dasein als das zu

erkennen, was es ist, nämlich das größte

Phänomen überhaupt!"

631.

„Wir Menschen sollten die Welt als unser
Spiegelbild erkennen, ihr Wesen verstehen
und sie behandeln, als wären wir sie selbst!"

632.

„Indem wir Menschen uns durch ein

künstliches Bündnis zu einer Person

vereinigen und einen Staat bilden, hoffen

wir darauf, ein bequemes Leben führen zu

können. Es ist wie wenn jemand zu einem

anderen sagt: „Nun gut, ich übergebe meine

Rechte mich selbst zu beherrschen diesem

Gesellschaftssystem, aber nur unter der

Bedingung, dass alle anderen dies auch

tun!"

633.

„Die Macht des Staates zwingt den
Menschen zueinander und erzwingt durch

vielerlei Gesetzgebungen und Strafen ihr friedliches Zusammenleben. Der Staat ist der angebliche Ausweg aus der sozialen Unordnung und Unsicherheit. Der natürlich gegebene Status Faustrecht des Stärkeren wird durch Zwang aufgehoben. Durch gesetzliche Ordnung versucht der Staat die schlechten Triebe des Menschen zu zügeln und erschafft durch diese eine künstliche und fälschliche Zähmung der Menschen. Doch dies ist mehr Schein als wirkliches sein, allein das Verstehen der höheren Erkenntnis kann die Menschen wirklich vereinen."

634.

„Würden wir einen Stein zum Rollen bringen und dieser könnte dabei denken, hätte er das Gefühl, er würde aus freien Stücken diese Handlung begehen, genauso ist es auch bei uns Menschen, wir tun stets dies, was uns in den Sinn kommt oder uns begehrt, jedoch woher der Auslöser (Impuls) dazu kommt, beachten wir gar

nicht. *(Der Mensch kann tun was er will,*
aber nicht entscheiden was er will)."

635.

„Sich Objekte ohne ein erkennendes Wesen
vorzustellen, scheitert schon allein bei dem
Versuch, weil es das voraussetzt, was ja
ausgeschlossen werden soll, nämlich ein
erkennendes Wesen."

636.

„Das Wort Existenz oder Realität bedeutet
nur, dass ich die Vorstellungen, die das
Bewusstsein wahrnimmt, für wirklich
halte."

637.

„Das Bewusstsein erkennt die Dinge
niemals so wie sie tatsächlich sind, sondern
nur so, wie das jeweils erkennende Wesen
diese erkennen kann."

638.

„Menschen sollten so miteinander umgehen, dass sie ihrer aller Würde nicht verletzen. Keiner sollte dem anderen als bloßes Mittel zum Zweck missbrauchen und sich nicht gegenseitig erniedrigen. Die Anerkennung eines jeden Menschen und Lebewesens ist von hohem Wert, keiner sollte einen anderen instrumentalisieren."

639.

„Das Ich dient nur noch zur Zierde, wenn die höhere Erkenntnis erreicht wurde."

640.

„Ungebildete Menschen denken abstrakt, sie halten sich nur an das, was sie sehen und legen direkt eine feste Meinung dazu an. Der Gebildete hingegen dringt immer und immer tiefer in die Sache hinein und erkennt die Zusammenhänge, er begnügt sich niemals mit der Tatsache, dass etwas nur so ist, wie es zu sein scheint. Wenn wir z.B. einem Bettler auf der Straße begegnen, haben die meisten eine direkt feste vorgefertigte Meinung über diesen, ohne darüber nachzudenken, wieso derjenige in diese Situation geraten sein könnte."

641.

„Die Welt ist ein Chaos. Sie ist ein Irrtum, trügerisch ein entstehen und vergehen. Vielheit aber dennoch zu jeder Zeit auch Einheit. Sie ist voller Gegensatz und Widerspruch, ein stetiger Wandel der Formen und ein reines Spiel mit sich selbst."

642.

„Der Mensch wird durch seine Bereitschaft zur Arbeit immer mehr zu einem Sklaven von wenigen anderen Menschen erzogen, auf diesem Weg wird der Mensch zur Maschine gemacht und durch die ständige Anpassung des Menschen entsteht zudem auch immer mehr dessen stupide Abflachung."

643.

„Der Egoismus überwuchert die ganze Welt, deshalb wird dieser ewige Kreislauf auch nie unterbrochen. Der Egoismus liegt daran, weil jedes Individuum sich getrennt von den anderen wahrnimmt und deshalb der Gedanke aufkommt, dass alles außer mir nicht ich bin und daher für mich keine direkte Rolle in meinem Leben spielt und somit auch keine Wichtigkeit hat. Als Ausnahme hierbei gälten meist die Familie und Freunde, doch selbst bei dieser macht das Ego oft keinen Halt."

644.

„Durch das Mitempfinden mit einem anderen Lebewesen entsteht das Gefühl des Mitleids, durch welche die Illusion der Verschiedenheit aufgehoben wird und alles als Einheit erkannt werden kann. Das Mitleid hält den Menschen davon ab, andere Lebewesen zu quälen und sorgt dafür, ihnen in der Not sogar zu helfen. Das Gefühl von Ich und Du wird in diesen

Momenten aufgehoben, alles wird als eigenes Ich empfunden. Ein und dasselbe Wesen ist es, welches sich in allem Leben darstellt und leidet."

645.

„Die Verschiedenheit der Welt ist bloße Täuschung, welche durch unser beschränktes Erkenntnisvermögen und unsere beschränkte Vorstellung entsteht!"

646.

„Mein wahres Wesen existiert in jedem Lebewesen, wie es sich sonst nur mir selbst offenbart."

647.

„Der Wille ist ein blinder, dunkler und dumpfer Drang zur Existenz, alles Seiende ist ein Kampfplatz aller Erscheinungen des Willens, wodurch dessen eigener Widerspruch mit sich selbst klar erkennbar wird."

648.

„Mit dem Menschen betrat eine entsetzliche Manifestation des Willens die Welt, welcher durch seinen einzigartigen Verstand und der daraus hervortretenden Überlegenheit, alles auf Erden zu seinem Untertan machte."

649.

„Der höchste Drang des Willens in seinen lebendigen Verkörperungen ist die Erhaltung der Gattung."

650.

„Alles wiederholt sich Jahr für Jahr, die Sinnlosigkeit wird schnell klar, wenn wir den Alltag der Lebewesen beobachten. Es geht stets darum zu überleben, Futter zu besorgen, sich fortzupflanzen, den Nachwuchs zu beschützen und dann am besten nach Möglichkeit nochmals die Fortpflanzung einzuleiten. Allein der Mensch versucht sich zwanghaft aus diesem ständigen Kreislauf zu befreien und erfindet deshalb allerhand vollkommen unnützer Sachen, um sich von dieser Sinnlosigkeit des Daseins abzulenken und ihm einen künstlich erzeugten Sinn zu geben."

651.

„Der Wille kann nach Belieben Millionen von seinen Verkörperungen auf Erden zerstören und erzeugen, und dies macht er ganz ohne Verlust seiner Kräfte, nur um sich selbst darstellen und erleben zu können."

652.

„Jedes Lebewesen ist von innen betrachtet alles in allem, von außen gesehen jedoch nur eines von vielen Objektivationen und somit Vorstellungen des Willens."

Kurzgeschichten 1–6

1. / 653.

„Der Tod sitzt vor der Stadtmauer und wartet. Ein Gelehrter kommt vorbei, setzt sich zu ihm und fragt: „ Was tust du hier?" Der Tod antwortet: „Ich geh jetzt in die Stadt und hole mir 100 Menschen."

Der Gelehrte rennt in die Stadt und ruft aufgeregt: „ Der Tod wird kommen und 100 Menschen mitnehmen!" Daraufhin rennen alle Menschen panisch in ihre Häuser und sperren sich über viele Wochen ein.

5000 Menschen sterben!

Als der Gelehrte die Stadt verlässt, sitzt der Tod immer noch dort und der Gelehrte sagt zornig:

„Du wolltest 100 Menschen holen, es waren aber 5000!"

Der Tod antwortete: „Ich hab 100 geholt, Kranke und Alte, **wie jede Woche.**

„Den Rest hat die Angst geholt, für die du zuständig warst!"

2. / 654.

Ein alter Mann *zeige mir ein leeres Glas und füllte es mit großen Steinen. Danach fragte er mich, ob dieses Glas voll sei.*

Ich stimmte ihm zu…

Er nahm eine Schachtel mit Kieselsteinen aus seiner Tasche und schüttete diese in das Glas.

Natürlich rollten sie in die Zwischenräume. Wieder fragte er mich, ob das Glas nun voll sei.

Lächelnd sagte ich ja…

Der Alte seinerseits nahm nun wieder eine Schachtel.

Diesmal war es Sand.

Er schüttete diesen in das Glas und auch der verteilte sich in den Zwischenräume…

Nun sagte der alte Mann: „*Ich möchte, dass Du erkennst, dass dieses Glas, wie Dein Leben ist…!*

Die großen Steine sind die wichtigen Dinge im Leben, wie Deine Liebe, Deine Familie und Deine Gesundheit, also Dinge, die, wenn alle anderen wegfielen und nur Du übrig bleibst, Dein Leben immer noch erfüllen würden.

Die Kieselsteine sind andere, weniger wichtige Dinge wie Deine Arbeit, Dein Haus, Dein Auto.

Der Sand symbolisiert die ganz kleinen Dinge im Leben.

Wenn Du den Sand zuerst in das Glas füllst, bleibt kein Raum für die Kieselsteine und die großen Steine!!!

So ist es auch in Deinem Leben…

Wenn Du all Deine Energie für die kleinen Dinge im Leben aufwendest, hast Du für die großen keine mehr…!

Achte daher immer auf die wichtigen Dinge!

Nimm Dir Zeit für die Liebe und Deine Familie, achte auf Deine Gesundheit, **es wird noch genug Zeit geben für Arbeit, Haushalt usw…**

Achte zuerst immer auf die großen Steine, denn sie sind es, die wirklich zählen.

Der Rest ist nur Sand…!"

3. / 655.

Laut einer Legende *aus dem 19. Jahrhundert treffen sich die Wahrheit und die Lüge eines Tages.*

Die Lüge sagt zur Wahrheit:
"Heute ist ein wunderbarer Tag"!
Die Wahrheit blickt in den Himmel und seufzt, denn der Tag war wirklich schön. Sie verbringen viel Zeit miteinander und kommen schließlich neben einem Brunnen an. Die Lüge erzählt die Wahrheit:
"Das Wasser ist sehr schön, lass uns zusammen baden!"

Die Wahrheit, erneut verdächtig, testet das Wasser und entdeckt, dass es wirklich sehr nett ist. **Sie ziehen sich aus und beginnen zu baden.**

Plötzlich kommt die Lüge aus dem Wasser, zieht die Kleider der Wahrheit an und rennt davon!

Die wütende Wahrheit kommt aus dem Brunnen und rennt überall hin, um die Lüge zu finden und ihre Kleidung zurückzubekommen...

Die Welt, welche die Wahrheit nun plötzlich nackt sieht, wendet ihren Blick mit Verachtung und Wut ab.

Die arme Wahrheit kehrt zum Brunnen zurück und verschwindet für immer und versteckt darin ihre Scham...

Seither reist die Lüge um die Welt, verkleidet als die Wahrheit und befriedigt die Bedürfnisse der Gesellschaft.

Denn die Welt hat auf keinen Fall den Wunsch, erneut der nackten Wahrheit zu begegnen...!

4. / 656.

Das Experiment "Universum 25"

ist eines der erschreckendsten Experimente der Wissenschaftsgeschichte, das durch das Verhalten einer Mäusekolonie ein Versuch von Wissenschaftlern ist, menschliche Gesellschaften zu erklären.

Die Idee zu "Universe 25" stammt von dem amerikanischen Wissenschaftler John Calhoun, **welcher eine "ideale Welt" geschaffen hat, in der Hunderte von Mäusen leben und sich fortpflanzen.**

Genauer gesagt baute Calhoun das sogenannte "Mäuseparadies", einen speziell gestalteten Raum, in dem Nagetiere im Überfluss an Nahrung und Wasser, sowie einen großen Lebensraum hatten.

Am Anfang platzierte er vier Mäusepaare, die sich in kurzer Zeit zu vermehren begannen, wodurch ihre Population schnell wuchs.

Nach 315 Tagen begann ihre
Reproduktion jedoch deutlich abzunehmen!

Als die Zahl der Nagetiere 600 erreichte,
wurde eine Hierarchie zwischen ihnen
gebildet und dann tauchten die
sogenannten "Eelen" auf.

Die größeren Nagetiere begannen die
Gruppe anzugreifen, was dazu führte, dass
viele Männchen psychologisch
„zusammenbrachen"!

Infolgedessen schützten sich die Weibchen
nicht und wurden wiederum aggressiv
gegenüber ihren Jungen!

Im Laufe der Zeit zeigten die Weibchen
immer aggressiveres Verhalten,
Isolationselemente und mangelnde
Fortpflanzungsstimmung!

Es gab eine niedrige Geburtenrate und gleichzeitig eine erhöhte Sterblichkeit bei jüngeren Nagetieren!

Dann tauchte eine neue Klasse männlicher Nagetiere auf, die sogenannten **"schönen Mäuse".** Sie weigerten sich, sich mit den Weibchen zu paaren oder um ihren Platz zu "kämpfen"!

Sie kümmerten sich nur um Essen und Schlafen. „Schöne Männchen" und „isolierte Weibchen" machten zeitweise die Mehrheit der Bevölkerung aus.

Laut Calhoun bestand die Todesphase aus zwei Phasen: dem „ersten Tod" und dem „zweiten Tod".

Ersteres war gekennzeichnet durch den Verlust des Lebenssinns über die bloße Existenz hinaus..., kein Verlangen sich zu paaren, junge Menschen aufzuziehen oder eine Rolle in der Gesellschaft zu etablieren!

Im Laufe der Zeit erreichte die
Jugendsterblichkeit 100 % und die
Reproduktion Null!!!

Bei den vom Aussterben bedrohten Mäusen
wurde Homosexualität beobachtet und
gleichzeitig nahm der Kannibalismus zu,
obwohl es reichlich Nahrung gab!

Zwei Jahre nach Beginn des Experiments
wurde das letzte Baby der Kolonie geboren!

1973 hatte er die letzte Maus im
Universum 25 getötet.

John Calhoun wiederholte das gleiche
Experiment noch **25 Mal,** und jedes Mal
war das Ergebnis das gleiche!

Calhouns wissenschaftliche Arbeit wurde
als Modell für die Interpretation des
sozialen Zusammenbruchs verwendet und
seine Forschung dient als Schwerpunkt für
das Studium der Stadtsoziologie.

„Wir erleben derzeit direkte Parallelen innerhalb der heutigen Gesellschaft…!"

Schwache, feminisierte Männer mit geringen bis gar keinen Fähigkeiten und ohne Schutzinstinkte und übermäßig aufgeregte und aggressive Frauen ohne mütterliche Instinkte…

5. / 657.

Ein Picknick mit Gott

Ein kleines Mädchen namens Zoe
*wollte in ihren Sommerferien unbedingt
einmal den lieben Gott treffen.*

Sie wusste, *dass es ein weiter Weg bis
dorthin sein musste, wo Gott lebte.
Darum packte sie in ihren kleinen Koffer
zunächst ein paar hübsche Kleider, dann
etwas zu essen und zu trinken ein.*

Ein paar Schokoladenkekse *und Äpfel für
den Hunger, Wasser für den Durst.
So ausgerüstet startete sie schließlich voller
Vorfreude ihre lange Reise zu Gott an.*

Sie war gerade erst *ein paar Schritte von
ihrem Zuhause entfernt, als ihr plötzlich
eine knallgelb strahlende Sonnenblume ins
Auge stach.*

Die Schönheit dieser Blume war so voller Leben, das Zoe plötzlich vom Kopf bis zum Fuß voller Heiterkeit war.

Zoe war sogar so überrascht davon, dass sie sich ein breites Grinsen nicht verkneifen konnte.

Ein paar Schritte weiter wurde sie jedoch von einem plötzlichen kribbeln in ihrem Nacken schlagartig ins hier und jetzt zurückgeholt.

Sie griff reflexartig, aber behutsam, hin und hielt auf einmal einen wohl gleichermaßen verdutzt ausschauenden Schmetterling in ihrer Hand.

Zumindest schien dieser zunächst so verwundert zu sein, das er nicht gleich wieder weg flog.

Er war wirklich sehr schön und Zoe nutzte ihre Gelegenheit, um ihn sich fix etwas genauer anzuschauen.

Das eigentliche Highlight waren wohl seine orange rötlichen Flügel, mit welchen er fast schon wie ein kleiner Fuchs aussah.

Doch dann waren da noch seine drei paar Beinchen, zwei Fühler, ein kleiner Rüssel und zwei Augen. Oder waren es vielleicht sogar ganz viele kleine Augen?

Ach was, egal..., zumindest schauten sie sich nun beide gegenseitig an.

6.

Doch das wurde dem kleinen Kerl wohl langsam endgültig etwas zu viel und er flog geschwind davon.

Miau... brrr... rrr... miau... brrr... rrr... Miau... Miau... brrr... brrr...

Ertönte es plötzlich andernorts.

Es dauerte einen kurzen Moment *bis Zoe den dicken fetten Kater entdeckte, welcher es sich unter einer Hecke gemütlich gemacht hatte.*

Dieser starrte sie nun etwas genervt, *aber dennoch friedvoll an und ließ sich von ihr sogar ein wenig das Köpfchen kraulen.*

Sein gleichmäßiges Schnurren *hatte eine wirklich sehr beruhigende wohlige Wirkung auf sie.*

Wuff... Wuff... Rrr... Rrr...
Wuff... Wuff... Rrr... Rrr...

Wie aus der Pistole *geschossen sah Zoe plötzlich einen kleinen weißen Hund auf sie beide zugestürmt kommen.*

Dieser schien so sehr *auf den fetten Kater konzentriert zu sein, das er Zoe erst im*

allerletzten Moment richtig
wahrgenommen hatte.

Kater und Hund sprangen beide vor
Schreck so sehr hinauf in die Lüfte, dass
man hätte glauben können, sie sprangen
um die Wette.

So sehr aufgeschreckt verschwanden beide
schon fast schneller als die Polizei erlaubt in
zwei unterschiedliche Richtungen.

**So hatte sich der dicke Kater seine
Mittagsruhe sicherlich nicht vorgestellt…**

Als sie schließlich ein paar Straßen weiter
gegangen war, traf sie zufällig auf eine
ältere Dame.

Diese saß unter einer schönen alten Buche
auf einer Holzbank und schaute einigen
kleineren Vögeln dabei zu, wie sie auf dem
Boden herumpickten.

Die kleine Zoe setzte sich in ihre Nähe und öffnete langsam ihr kleines Köfferchen.

Sie wollte gerade einen erfrischenden Schluck von ihrem Wasser trinken, als ihr auffiel, dass die ältere Dame ein wenig hungrig aussah...

Also bot sie ihr ganz selbstbewusst ein paar von ihren leckeren Schokoladenkeksen an. Die ältere Dame nahm ihr Angebot dankbar an und lachte ihr mit einem ehrlich gemeinten Lächeln herzlich zu.

Ihr Lächeln war gar so bezaubernd, dass es Zoe unbedingt noch einmal sehen wollte, also bot sie ihr auch rasch von ihrem kühlen Wasser an.

Und tatsächlich erstrahlte ihr ganzes Gesicht erneut voller Freude und Dankbarkeit.

Zoe war sehr fasziniert..... *So saßen sie dann den ganzen Nachmittag, aßen, tranken und lachten sich an, jedoch keiner von beiden sagte auch nur ein einziges Wort.*

Als es langsam begann dunkel zu werden, *bemerkte Zoe plötzlich wie müde sie bereits war und stand auf, um sich langsam auf den Heimweg zu machen.*

Doch, bereits nach ein paar wenigen Schritten, *drehte sie wieder um, rannte zurück zu der alten Dame und gab ihr einen dicken Kuss auf die linke Wange.*

Dafür schenkte sie Zoe schließlich das wohl schönste Lächeln, was sie jemals in ihrem Leben gesehen hatte.

Als Zoe *eine gewisse Zeit später wieder zuhause war und die Tür öffnete, wunderte sich ihre Mutter Yvonne über das heute so besondere Strahlen in ihrem Gesicht.*

Sie fragte Zoe:

„Was hast du denn heute schönes gemacht,
das dich so glücklich aussehen lässt …?"
Sie antwortete: **„Ich habe heute zusammen**
mit Gott ein Picknick gemacht…

Und noch bevor ihre Mutter etwas darauf
antworten konnte, fügte sie eilig hinzu:
„… und weißt du was?
Sie hatte das schönste Lächeln, das ich je
gesehen habe…"

Währenddessen ging auch die ältere Dame
zurück in ihre Wohnung.

Ihr Mann Hans *staunte nicht schlecht über*
den Ausdruck von Frieden, der auf ihrem
Gesicht lag und fragte sie:
„Frau, was hast du heute schönes gemacht,
das dich so glücklich aussehen lässt?"

Sie antwortete: „Ich aß ganz leckere
Schokoladenkekse im Park mit Gott".

Und noch bevor er fragen
konnte, fügte sie hinzu: „

… und weißt du was?
Gott ist um einiges jünger, als ich
dachte…!"

6. / 658.

Das "Ich" *ist der beste Betrüger, den man sich vorstellen kann, weil man es nicht sieht.*

Und der größte Betrug ist: "Ich bin du!"

Das Problem ist, dass sich das "Ich" dort versteckt, wo man es zuletzt erwartet. Nämlich in sich selbst.

Es verkauft seine Gedanken als die Ihren. Seine Gefühle als die Ihren.

Sie halten es für sich!

Menschen verteidigen notwendigerweise ihr eigenes "Ich". Wir nennen das: "Ohne Grenzen".

Sie werden lügen, betrügen, stehlen, morden.

Sie werden alles tun,

was notwendig ist, um das
aufrechtzuerhalten, was wir
"Die Grenzen des Ichs" *nennen.*

Die Leute haben keine Ahnung, *dass sie im*
Gefängnis sitzen. Sie wissen nicht, dass es
ein "Ich" gibt. **Sie erkennen den Unterschied**
nicht!!!

Der Verstand versteht nur schwer, dass es
noch etwas gibt, das hinter ihm steht.

Etwas von größerem Wert und von
größerer Macht, die Wahrheit zu
verleugnen, als er selbst!

In Religionen ist das "Ich" in der Figur
des Teufels manifestiert.

Natürlich realisiert niemand, wie klug das
"Ich" ist, denn **es erschuf den Teufel, und**
man kann jemand anders die Schuld geben.

Durch das Erfinden eines äußeren Feindes erschaffen wir uns für gewöhnlich reale Feinde. Und das wird dann zu einer realen Gefahr für das "Ich", obwohl es auch dessen Schöpfung ist.

Etwas, wie einen "äußeren Feind" gibt es nicht. Egal, was die Stimme in Ihrem Kopf Ihnen sagt...

Alle Feindbilder, die wir haben, sind nur Projektionen des "Ichs" als der Feind selbst. Daran erkennen wir, dass all unsere Feinde unsere eigene Erfindung sind.

Ihr größter Feind ist Ihr eigenes Selbstbild.

Ihr "Ich"...

„Die Werke eines Philosophen zu
seinen Lebzeiten müssen zunächst
einmal Heranreifen wie ein guter Wein,
dadurch, das die Menschen selbst der
Vergangenheit meist mehr Bedeutung
zuschreiben, als dem gegenwärtigen
Moment, wird er sich oftmals noch
über seinen eigenen Tod hinaus in
Geduld üben müssen.“

Weitere Bücher des Autors

Biografie:
**Mein Weg als einfacher Wachmann
hin zur Philosophie**

„Memoiren eines
produktiven Geistes..." (2021)

BEST OF COLLECTION:
GESAMMELTE WERKE
„2011 – 2021"

System / Gesellschaftskritik:

- *Freigeist: Meinung frei schnauze
  (2021)*
- *Dystopie / Utopie: Schlimmer geht's
  immer, besser wird's nie! (2020)*
- *Demokratie? Eine Einführung
  der unterschiedlichen
  Herrschaftsvariationen (2021)*
- *Die 4 Säulen des Scheiterns (2019)*
- *SklavenLEBEN (2020)*
- *Eine Kritik des modernen
  Menschen (2020)*
- *Equilibrium: Das neue
  Gleichgewicht (2021)*

Verschwörungstheorien:

- *Was wäre gewesen wenn...?*
  Weltgeschichtliche Ereignisse
  neu interpretiert (2021)
- *Verschwörungen:*
  Fiktion oder Wirklichkeit? (2020)
- *Reset: Der Anfang einer*
  Neuen Welt (2018)

Verschwörungen für Anfänger:
1. *Die COVID-19 Diktatur (2021)*
2. *Die BRD Verschwörung (2020)*
3. *Die Rothschild & Bilderberger*
   Verschwörung (2in1 Edition) (2020)

Philosophie:

Philosophie für Anfänger: Band 1-4
1. *Du bist Gott! (2020)*
2. *Die Wahrnehmung der Welt*
   (2020)
3. *Freiheit vom Leid (2020)*
4. *Die hartnäckige Illusion*
   des ICH'S (2020)

- *Das Handbuch der Welt:*
  -New Edition (Sonderedition 2021)
- *Das Handbuch der Welt (2019)*

- *Die Datenwelt Theorie (2015)*
- *Die Datenwelt Theorie 2.0*
  (New Edition 2019)

- *Sudelbuch: Philosophische Notizen mit Biss...! (2021)*

- *Arthur Schopenhauer:*
  Eine "kleine" Einführung (2019)

- *Die höhere Erkenntnis:*
  -New Edition (Sonderedition 2021)
- *Die höhere Erkenntnis:*
  Ein Weg zum besseren Verständnis der Welt (2014)

- *Eine kurze Zusammenfassung des Ganzen (2014)*
- *Eine kurze Zusammenfassung des Ganzen & Die höhere Erkenntnis: (2in1 Sonderedition 2015)*

Lieblings Notizen

1 2 3 4 5 6 7 8 9 10 11 12 13 14 15 16

17 18 19 20 21 22 23 24 25 26 27 28 29 30

31 32 33 34 35 36 37 38 39 40 41 42 43 44

45 46 47 48 49 50 51 52 53 54 55 56 57 58

59 60 61 62 63 64 65 66 67 68 69 70 71 72

73 74 75 76 77 78 79 80 81 82 83 84 85 86

87 88 89 90 91 92 93 94 95 96 97 98 99 100

101 102 103 104 105 106 107 108 109 110

111 112 113 114 115 116 117 118 119 120

121 122 123 124 125 126 127 128 129 130

131 132 133 134 135 136 137 138 139 140

141 142 143 144 145 146 147 148 149 150

151 152 153 154 155 156 157 158 159 160

161 162 163 164 165 166 167 168 169 170

171 172 173 174 175 176 177 178 179 180

181 182 183 184 185 186 187 188 189 190

191 192 193 194 195 196 197 198 199 200

201 202 203 204 205 206 207 208 209 210

211 212 213 214 215 216 217 218 219 220

221 222 223 224 225 226 227 228 229 230

231 232 233 234 235 236 237 238 239 240

241 242 243 244 245 246 247 248 249 250

251 252 253 254 255 256 257 258 259 260

261 262 263 264 265 266 267 268 269 270

271 272 273 274 275 276 277 278 279 280

281 282 283 284 285 286 287 288 289 290

291 292 293 294 295 296 297 298 299 300

301 302 303 304 305 306 307 308 309 310

311 312 313 314 315 316 317 318 319 320

321 322 323 324 325 326 327 328 329 330

331 332 333 334 335 336 337 338 339 340

341 342 343 344 345 346 347 348 349 350

351 352 353 354 355 356 357 358 359 360

361 362 363 364 365 366 367 368 369 370

371 372 373 374 375 376 377 378 379 380

381 382 383 384 385 386 387 388 389 390

391 392 393 394 395 396 397 398 399 400

401 402 403 404 405 406 407 408 409 410

411 412 413 414 415 416 417 418 419 420

421 422 423 424 425 426 427 428 429 430

431 432 433 434 435 436 437 438 439 440

441 442 443 444 445 446 447 448 449 450

451 452 453 454 455 456 457 458 459 460

461 462 463 464 465 466 467 468 469 470

471 472 473 474 475 476 477 478 479 480

481 482 483 484 485 486 487 488 489 490

491 492 493 494 495 496 497 498 499 500

501 502 503 504 505 506 507 508 509 510

511 512 513 514 515 516 517 518 519 520

521 522 523 524 525 526 527 528 529 530

531 532 533 534 535 536 537 538 539 540

541 542 543 544 545 546 547 548 549 550

551 552 553 554 555 556 557 558 559 560

561 562 563 564 565 566 567 568 569 570

571 572 573 574 575 576 577 578 579 580

581 582 583 584 585 586 587 588 589 590

591 592 593 594 595 596 597 598 599 600

601 602 603 604 605 606 607 608 609 610

611 612 613 614 615 616 617 618 619 620

621 622 623 624 625 626 627 628 629 630

631 632 633 634 635 636 637 638 639 640

641 642 643 644 645 646 647 648 649 650

651 652

Inhaltsverzeichnis